SCÉNARIO
GABY

DESSIN
DZACK

COULEURS
YOANN GUILLO

LES BLONDES

La compil' des vacances !

Vanessa
de Lesblondes

Soleil

NATIONALE 7

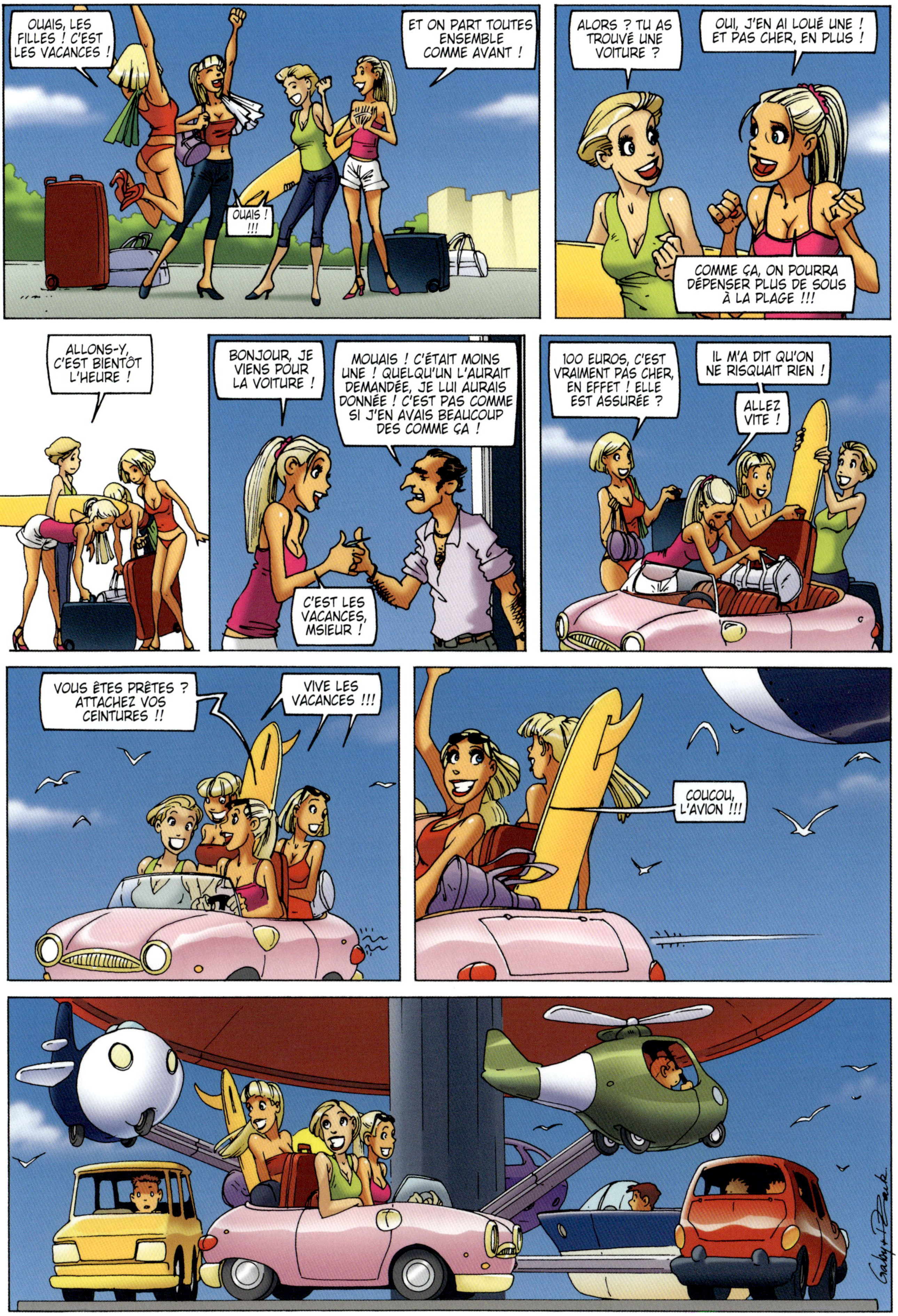
OUAIS, LES FILLES ! C'EST LES VACANCES !
ET ON PART TOUTES ENSEMBLE COMME AVANT !
OUAIS ! !!!
ALORS ? TU AS TROUVÉ UNE VOITURE ?
OUI, J'EN AI LOUÉ UNE ! ET PAS CHER, EN PLUS !
COMME ÇA, ON POURRA DÉPENSER PLUS DE SOUS À LA PLAGE !!!
ALLONS-Y, C'EST BIENTÔT L'HEURE !
BONJOUR, JE VIENS POUR LA VOITURE !
MOUAIS ! C'ÉTAIT MOINS UNE ! QUELQU'UN L'AURAIT DEMANDÉE, JE LUI AURAIS DONNÉE ! C'EST PAS COMME SI J'EN AVAIS BEAUCOUP DES COMME ÇA !
C'EST LES VACANCES, MSIEUR !
100 EUROS, C'EST VRAIMENT PAS CHER, EN EFFET ! ELLE EST ASSURÉE ?
IL M'A DIT QU'ON NE RISQUAIT RIEN !
ALLEZ VITE !
VOUS ÊTES PRÊTES ? ATTACHEZ VOS CEINTURES !!
VIVE LES VACANCES !!!
COUCOU, L'AVION !!!

ORANGE SANGUINE

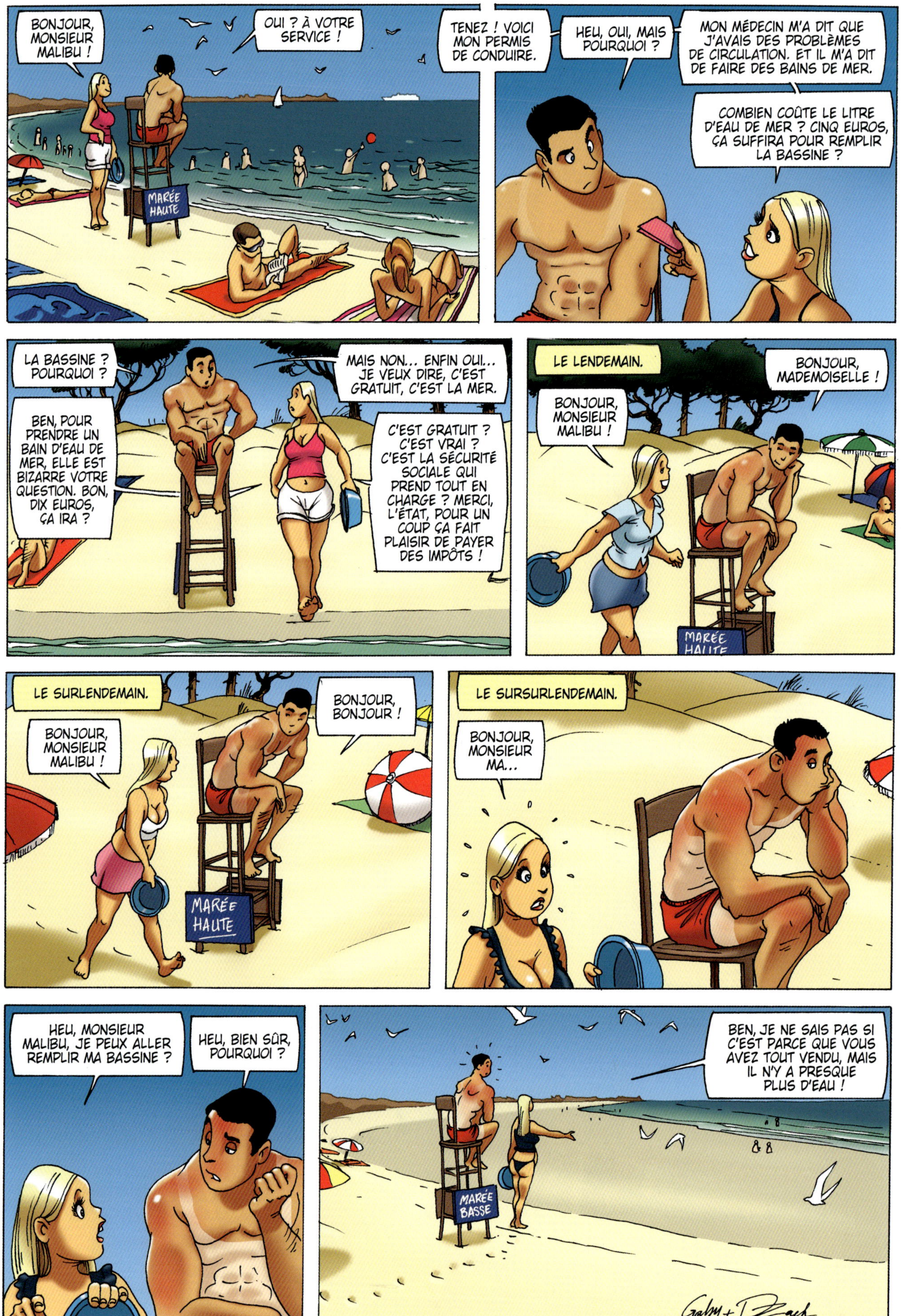

BONJOUR, MONSIEUR MALIBU !
OUI ? À VOTRE SERVICE !
MARÉE HAUTE
TENEZ ! VOICI MON PERMIS DE CONDUIRE.
HEU, OUI, MAIS POURQUOI ?
MON MÉDECIN M'A DIT QUE J'AVAIS DES PROBLÈMES DE CIRCULATION. ET IL M'A DIT DE FAIRE DES BAINS DE MER.
COMBIEN COÛTE LE LITRE D'EAU DE MER ? CINQ EUROS, ÇA SUFFIRA POUR REMPLIR LA BASSINE ?
LA BASSINE ? POURQUOI ?
BEN, POUR PRENDRE UN BAIN D'EAU DE MER, ELLE EST BIZARRE VOTRE QUESTION. BON, DIX EUROS, ÇA IRA ?
MAIS NON... ENFIN OUI... JE VEUX DIRE, C'EST GRATUIT, C'EST LA MER.
C'EST GRATUIT ? C'EST VRAI ? C'EST LA SÉCURITÉ SOCIALE QUI PREND TOUT EN CHARGE ? MERCI, L'ÉTAT, POUR UN COUP ÇA FAIT PLAISIR DE PAYER DES IMPÔTS !
LE LENDEMAIN.
BONJOUR, MONSIEUR MALIBU !
BONJOUR, MADEMOISELLE !
LE SURLENDEMAIN.
BONJOUR, MONSIEUR MALIBU !
BONJOUR, BONJOUR !
MARÉE HAUTE
LE SURSURLENDEMAIN.
BONJOUR, MONSIEUR MA...
HEU, MONSIEUR MALIBU, JE PEUX ALLER REMPLIR MA BASSINE ?
HEU, BIEN SÛR, POURQUOI ?
BEN, JE NE SAIS PAS SI C'EST PARCE QUE VOUS AVEZ TOUT VENDU, MAIS IL N'Y A PRESQUE PLUS D'EAU !
MARÉE BASSE
Gaby + Dzach

JE PEUX PAS, J'AI PISCINE

JE VOUS LAISSE DANS LES MAINS EXPERTES DE JULIEN, QUI VA VOUS APPRENDRE À NAGER.
BONJOUR, LES FILLES !
BONJOUR, JULIEN.
FATIGUEZ-LES BIEN, ELLES DORMIRONT MIEUX CE SOIR À L'INTERNAT.
COMPTEZ SUR MOI !
LES FILLES, ON VA COMMENCER PAR LE PLUS SIMPLE. VOUS ALLEZ FAIRE LA PLANCHE.
POUR FAIRE LA PLANCHE, IL SUFFIT DE S'ALLONGER, LES BRAS ÉCARTÉS. S'ALLONGER, COMME SI VOUS DORMIEZ, AUSSI DÉTENDUES.
ET VOUS VERREZ, VOUS FLOTTEREZ NATURELLEMENT.
ALLEZ-Y, LA PLAGE EST À VOUS !
COMME SI ON DORMAIT. D'ACCORD.
TOUT SE PASSE BIEN ?
OUI, ELLES SONT BIEN, CES PETITES, ELLES ONT COMPRIS TOUT DE SUITE COMMENT ON FAIT LA PLANCHE.
COMMENT ?
ALLONGÉES, COMME SI ELLES DORMAIENT.
QUOI ?
VITE !
POURQUOI ?
IL Y A CINDY DANS LE GROUPE !!!
ELLE DORT SUR LE VENTRE !

SANS POIGNÉE

T'ES TROP FORTE TATA ! ON VA PRENDRE L'AVION ! J'AIME TROP PRENDRE L'AVION ! C'EST TROP BIEN ! TATA, T'ES LA MEILLEURE !
ON PART À NOUILLE ORQUE ! OUAIS !
OH, C'EST QUOI, TATA ?
C'EST L'APPAREIL POUR VOIR À L'INTÉRIEUR DES VALISES. C'EST COMME UNE RADIO.
ILS ONT LE DERNIER LORIE ?
CLÉS, ARGENT, TÉLÉPHONE PORTABLE…
IL EST PAS TRÈS BON POUR FAIRE LA MANCHE LE MONSIEUR. IL A RIEN DANS SA BANNETTE.
MONSIEUR LE DOUANIER, COMMENT JE FAIS ?
COUCHEZ-LA DESSUS.
AH ?
ET POUR LA VALISE, ALORS, ON FAIT COMMENT ?
Gaby + Dzack

Ô TEMPS SUSPENDS TON VOL

QU'EST-CE QUI A UNE TROMPE, QUI VIT DANS L'EAU ET QUI DISTRIBUE LE COURRIER ?
UN ÉLÉPHANT FACTEUR ?
PRESQUE ! UN POISSON-ÉLÉPHANT FAC...
BROUF !
HOU, ÇA FUME !
ICI LE CAPITAINE, NOUS VENONS DE PERDRE UN RÉACTEUR, NOUS ALLONS DEVOIR VOLER MOINS VITE. NOUS AURONS UN PEU MOINS D'UNE HEURE DE RETARD.
C'EST PAS DE CHANCE, MOI QUI VOULAIS ALLER ME BAIGNER TOUT DE SUITE !
BROUF !
ENCORE ?
C'EST L'ÉCHO ?
NOUS VENONS DE PERDRE UN DEUXIÈME RÉACTEUR, NE VOUS INQUIÉTEZ PAS. NOUS AURONS NÉANMOINS PLUS D'UNE HEURE DE RETARD.
ALORS, QU'EST-CE QUI VOLE, QUI A UNE TROMPE ET QUI...
BROUF !
NON, C'EST PAS POSSIBLE !?
NOUS VENONS DE PERDRE UN TROISIÈME RÉACTEUR. TOUT VA BIEN, MAIS NOUS AURONS PLUSIEURS HEURES DE RETARD SUR NOTRE HORAIRE.
BON, FAUDRAIT TOUT DE MÊME PAS PERDRE LE QUATRIÈME RÉACTEUR, SINON ON RISQUE DE RESTER BLOQUÉS LÀ TOUTE LA JOURNÉE !

UN PETIT TROU DES PETITS TROUS

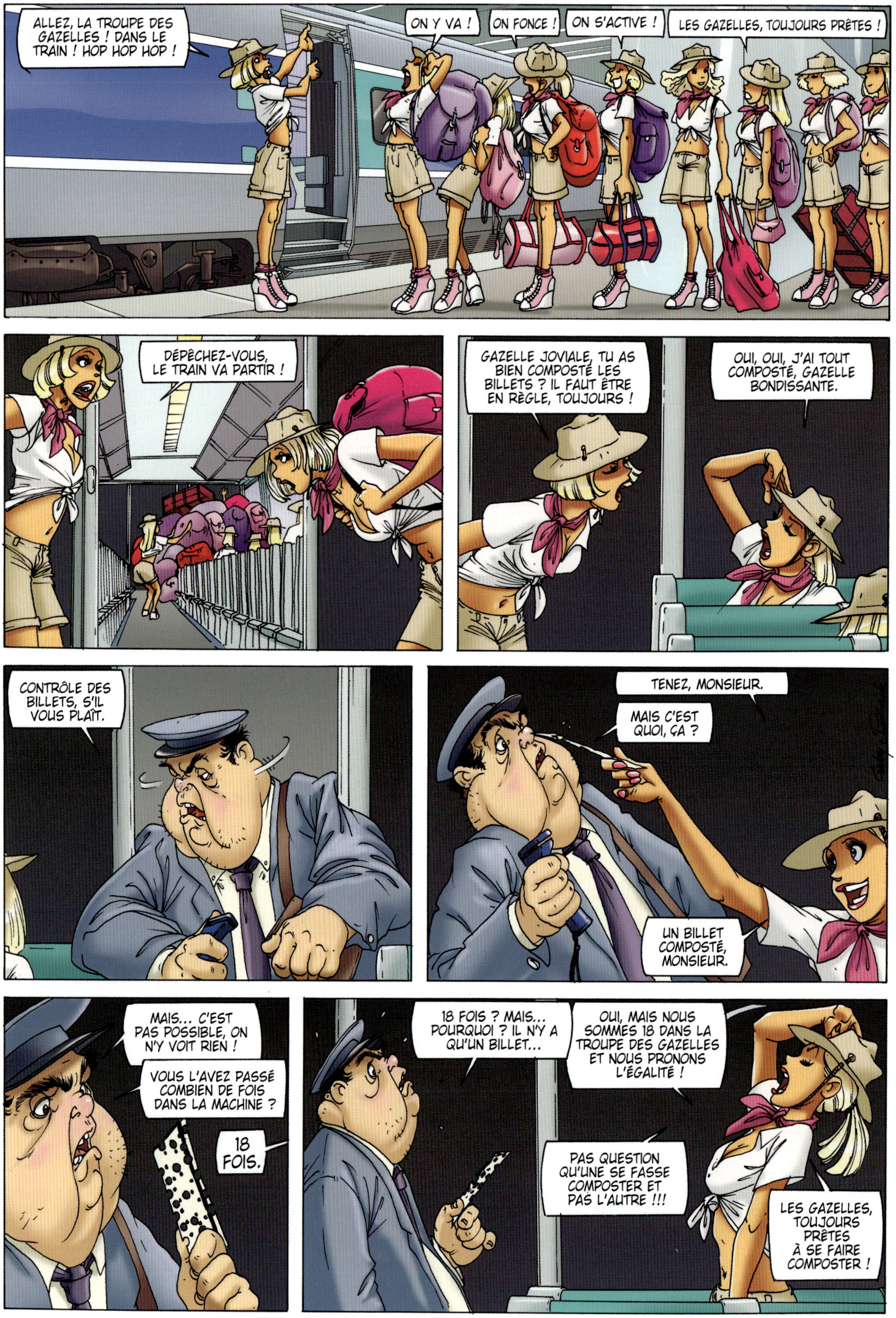
ALLEZ, LA TROUPE DES GAZELLES ! DANS LE TRAIN ! HOP HOP HOP !
ON Y VA !
ON FONCE !
ON S'ACTIVE !
LES GAZELLES, TOUJOURS PRÊTES !
DÉPÊCHEZ-VOUS, LE TRAIN VA PARTIR !
GAZELLE JOVIALE, TU AS BIEN COMPOSTÉ LES BILLETS ? IL FAUT ÊTRE EN RÈGLE, TOUJOURS !
OUI, OUI, J'AI TOUT COMPOSTÉ, GAZELLE BONDISSANTE.
CONTRÔLE DES BILLETS, S'IL VOUS PLAÎT.
TENEZ, MONSIEUR.
MAIS C'EST QUOI, ÇA ?
UN BILLET COMPOSTÉ, MONSIEUR.
MAIS... C'EST PAS POSSIBLE, ON N'Y VOIT RIEN !
VOUS L'AVEZ PASSÉ COMBIEN DE FOIS DANS LA MACHINE ?
18 FOIS.
18 FOIS ? MAIS... POURQUOI ? IL N'Y A QU'UN BILLET...
OUI, MAIS NOUS SOMMES 18 DANS LA TROUPE DES GAZELLES ET NOUS PRONONS L'ÉGALITÉ !
PAS QUESTION QU'UNE SE FASSE COMPOSTER ET PAS L'AUTRE !!!
LES GAZELLES, TOUJOURS PRÊTES À SE FAIRE COMPOSTER !

MONDIAL DE L'AUTO

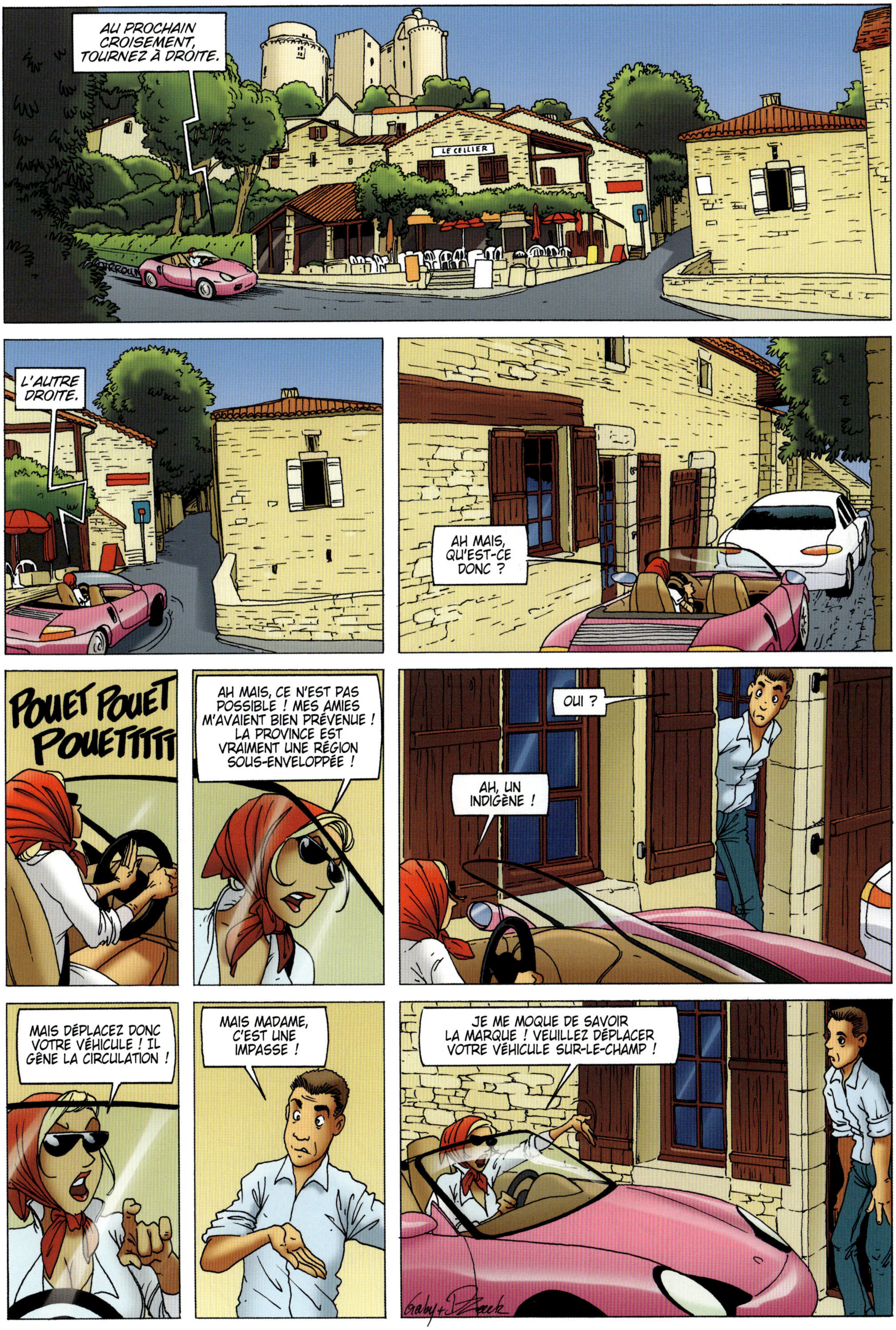
AU PROCHAIN CROISEMENT, TOURNEZ À DROITE.
LE CELLIER
L'AUTRE DROITE.
AH MAIS, QU'EST-CE DONC ?
POUET POUET POUETTTTT
AH MAIS, CE N'EST PAS POSSIBLE ! MES AMIES M'AVAIENT BIEN PRÉVENUE ! LA PROVINCE EST VRAIMENT UNE RÉGION SOUS-ENVELOPPÉE !
OUI ?
AH, UN INDIGÈNE !
MAIS DÉPLACEZ DONC VOTRE VÉHICULE ! IL GÊNE LA CIRCULATION !
MAIS MADAME, C'EST UNE IMPASSE !
JE ME MOQUE DE SAVOIR LA MARQUE ! VEUILLEZ DÉPLACER VOTRE VÉHICULE SUR-LE-CHAMP !

PENSION COMPLÈTE

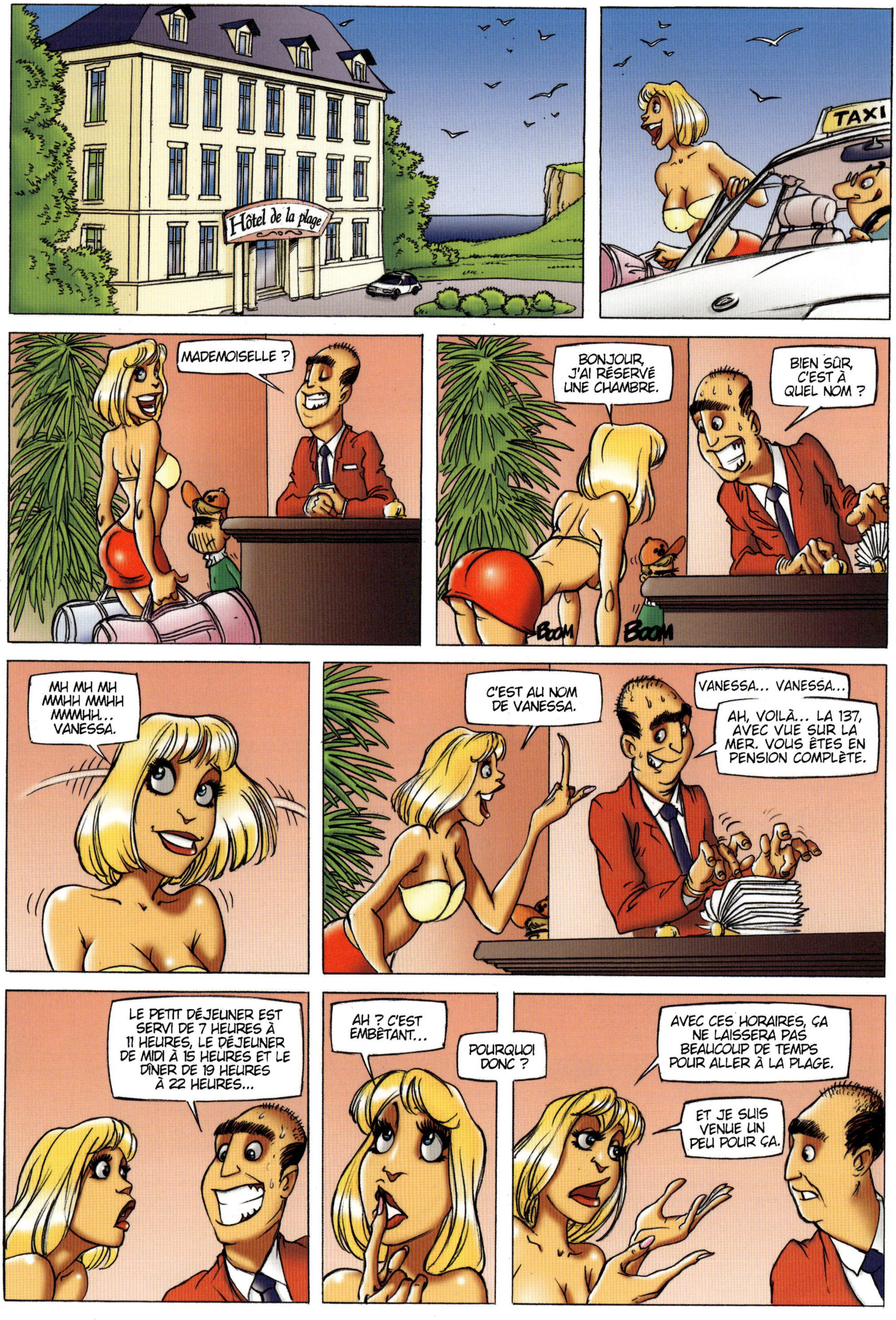

Hôtel de la plage
TAXI
MADEMOISELLE ?
BONJOUR, J'AI RÉSERVÉ UNE CHAMBRE.
BIEN SÛR, C'EST À QUEL NOM ?
BOOM
BOOM
MH MH MH MMHH MMHH MMMHH... VANESSA.
C'EST AU NOM DE VANESSA.
VANESSA... VANESSA...
AH, VOILÀ... LA 137, AVEC VUE SUR LA MER. VOUS ÊTES EN PENSION COMPLÈTE.
LE PETIT DÉJEUNER EST SERVI DE 7 HEURES À 11 HEURES, LE DÉJEUNER DE MIDI À 15 HEURES ET LE DÎNER DE 19 HEURES À 22 HEURES...
AH ? C'EST EMBÊTANT...
POURQUOI DONC ?
AVEC CES HORAIRES, ÇA NE LAISSERA PAS BEAUCOUP DE TEMPS POUR ALLER À LA PLAGE.
ET JE SUIS VENUE UN PEU POUR ÇA.

TRIBU À PAYER

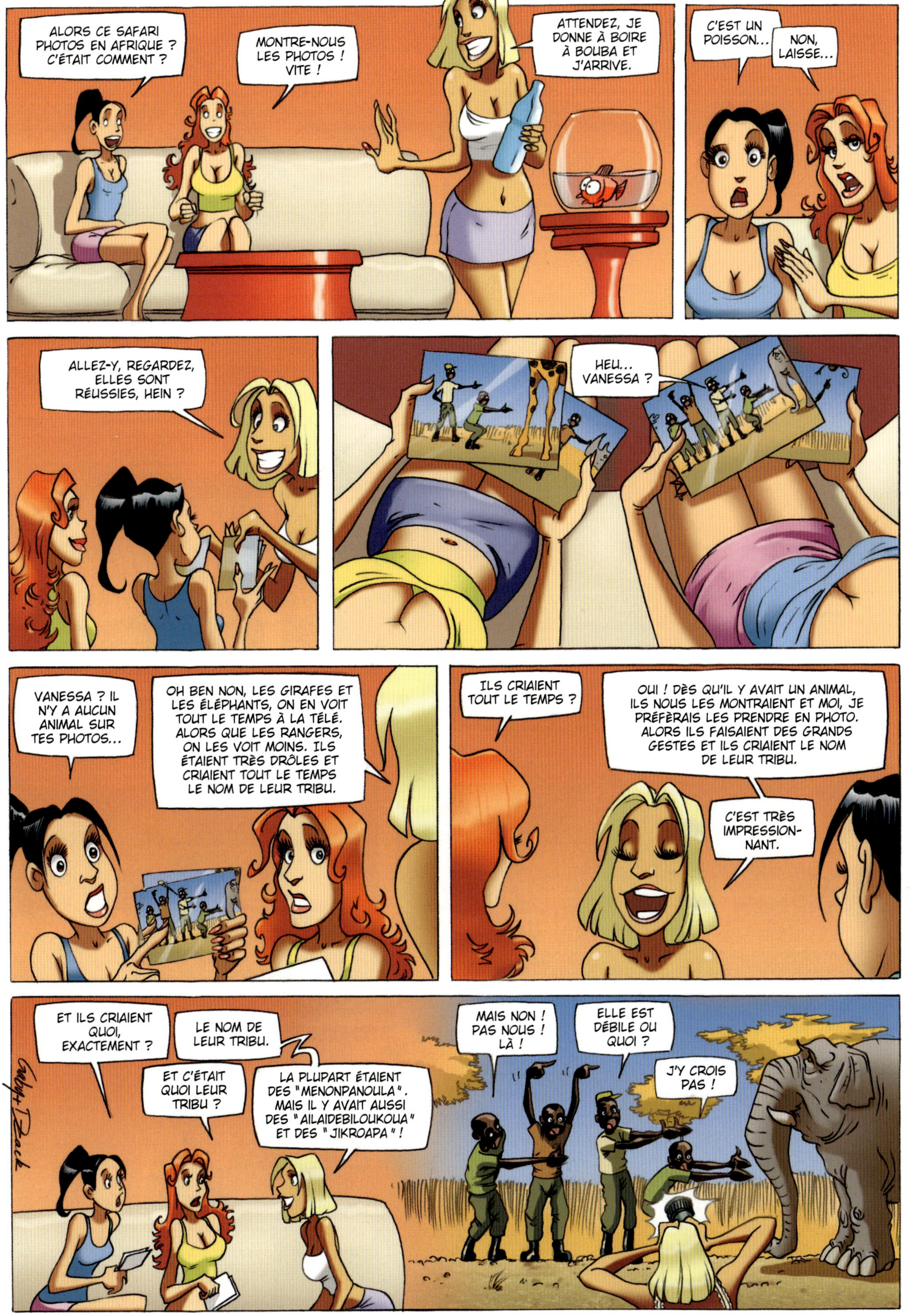

ALORS CE SAFARI PHOTOS EN AFRIQUE ? C'ÉTAIT COMMENT ?
MONTRE-NOUS LES PHOTOS ! VITE !
ATTENDEZ, JE DONNE À BOIRE À BOUBA ET J'ARRIVE.
C'EST UN POISSON...
NON, LAISSE...
ALLEZ-Y, REGARDEZ, ELLES SONT RÉUSSIES, HEIN ?
HEU... VANESSA ?
VANESSA ? IL N'Y A AUCUN ANIMAL SUR TES PHOTOS...
OH BEN NON, LES GIRAFES ET LES ÉLÉPHANTS, ON EN VOIT TOUT LE TEMPS À LA TÉLÉ. ALORS QUE LES RANGERS, ON LES VOIT MOINS. ILS ÉTAIENT TRÈS DRÔLES ET CRIAIENT TOUT LE TEMPS LE NOM DE LEUR TRIBU.
ILS CRIAIENT TOUT LE TEMPS ?
OUI ! DÈS QU'IL Y AVAIT UN ANIMAL, ILS NOUS LES MONTRAIENT ET MOI, JE PRÉFÉRAIS LES PRENDRE EN PHOTO. ALORS ILS FAISAIENT DES GRANDS GESTES ET ILS CRIAIENT LE NOM DE LEUR TRIBU.
C'EST TRÈS IMPRESSION-NANT.
ET ILS CRIAIENT QUOI, EXACTEMENT ?
LE NOM DE LEUR TRIBU.
ET C'ÉTAIT QUOI LEUR TRIBU ?
LA PLUPART ÉTAIENT DES "MENONPANOULA". MAIS IL Y AVAIT AUSSI DES "AILAIDEBILOUKOUA" ET DES "JIKROAPA" !
MAIS NON ! PAS NOUS ! LÀ !
ELLE EST DÉBILE OU QUOI ?
J'Y CROIS PAS !

TRAIN TRAIN QUOTIDIEN

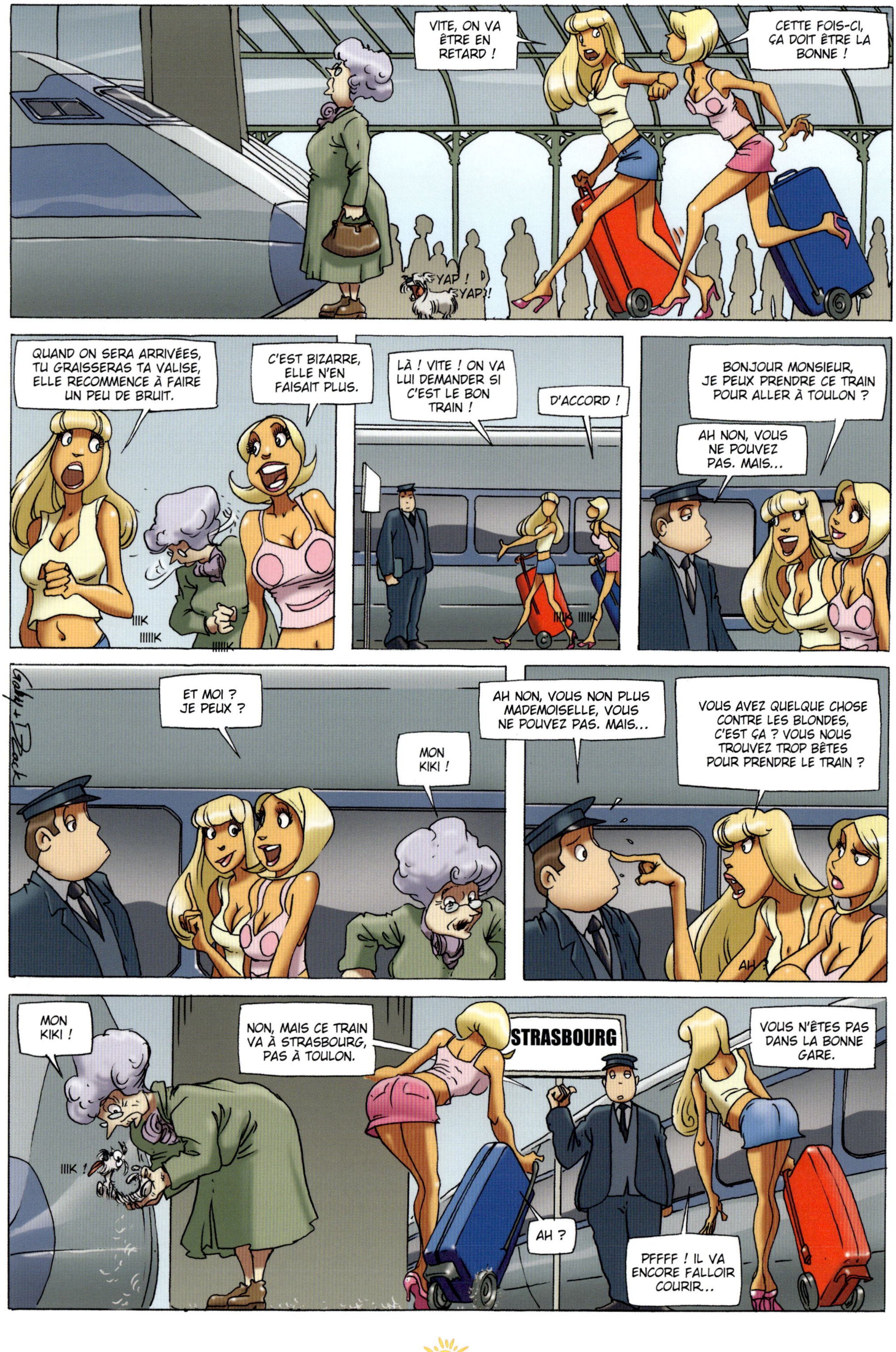
VITE, ON VA ÊTRE EN RETARD !
CETTE FOIS-CI, ÇA DOIT ÊTRE LA BONNE !
YAP ! YAP !
QUAND ON SERA ARRIVÉES, TU GRAISSERAS TA VALISE, ELLE RECOMMENCE À FAIRE UN PEU DE BRUIT.
C'EST BIZARRE, ELLE N'EN FAISAIT PLUS.
IIIK
IIIIIK
LÀ ! VITE ! ON VA LUI DEMANDER SI C'EST LE BON TRAIN !
D'ACCORD !
BONJOUR MONSIEUR, JE PEUX PRENDRE CE TRAIN POUR ALLER À TOULON ?
AH NON, VOUS NE POUVEZ PAS. MAIS...
ET MOI ? JE PEUX ?
MON KIKI !
AH NON, VOUS NON PLUS MADEMOISELLE, VOUS NE POUVEZ PAS. MAIS...
VOUS AVEZ QUELQUE CHOSE CONTRE LES BLONDES, C'EST ÇA ? VOUS NOUS TROUVEZ TROP BÊTES POUR PRENDRE LE TRAIN ?
AH ?
MON KIKI !
IIIK !
NON, MAIS CE TRAIN VA À STRASBOURG, PAS À TOULON.
STRASBOURG
VOUS N'ÊTES PAS DANS LA BONNE GARE.
AH ?
PFFFF ! IL VA ENCORE FALLOIR COURIR..

FAME

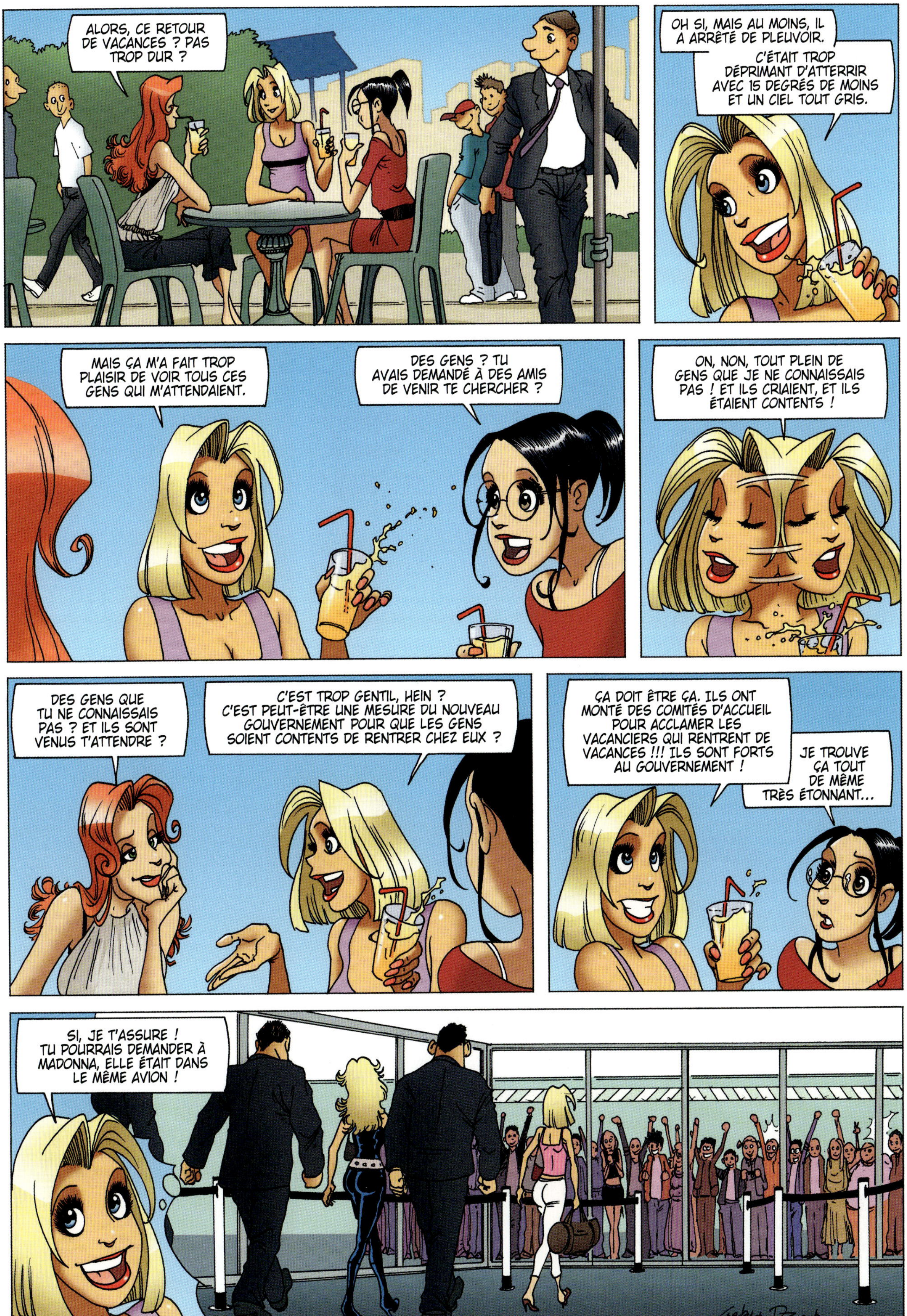

ALORS, CE RETOUR DE VACANCES ? PAS TROP DUR ?
OH SI, MAIS AU MOINS, IL A ARRÊTÉ DE PLEUVOIR.
C'ÉTAIT TROP DÉPRIMANT D'ATTERRIR AVEC 15 DEGRÉS DE MOINS ET UN CIEL TOUT GRIS.
MAIS ÇA M'A FAIT TROP PLAISIR DE VOIR TOUS CES GENS QUI M'ATTENDAIENT.
DES GENS ? TU AVAIS DEMANDÉ À DES AMIS DE VENIR TE CHERCHER ?
ON, NON, TOUT PLEIN DE GENS QUE JE NE CONNAISSAIS PAS ! ET ILS CRIAIENT, ET ILS ÉTAIENT CONTENTS !
DES GENS QUE TU NE CONNAISSAIS PAS ? ET ILS SONT VENUS T'ATTENDRE ?
C'EST TROP GENTIL, HEIN ? C'EST PEUT-ÊTRE UNE MESURE DU NOUVEAU GOUVERNEMENT POUR QUE LES GENS SOIENT CONTENTS DE RENTRER CHEZ EUX ?
ÇA DOIT ÊTRE ÇA. ILS ONT MONTÉ DES COMITÉS D'ACCUEIL POUR ACCLAMER LES VACANCIERS QUI RENTRENT DE VACANCES !!! ILS SONT FORTS AU GOUVERNEMENT !
JE TROUVE ÇA TOUT DE MÊME TRÈS ÉTONNANT...
SI, JE T'ASSURE ! TU POURRAIS DEMANDER À MADONNA, ELLE ÉTAIT DANS LE MÊME AVION !
Gaby + Dzack

PARFUM DU JOUR

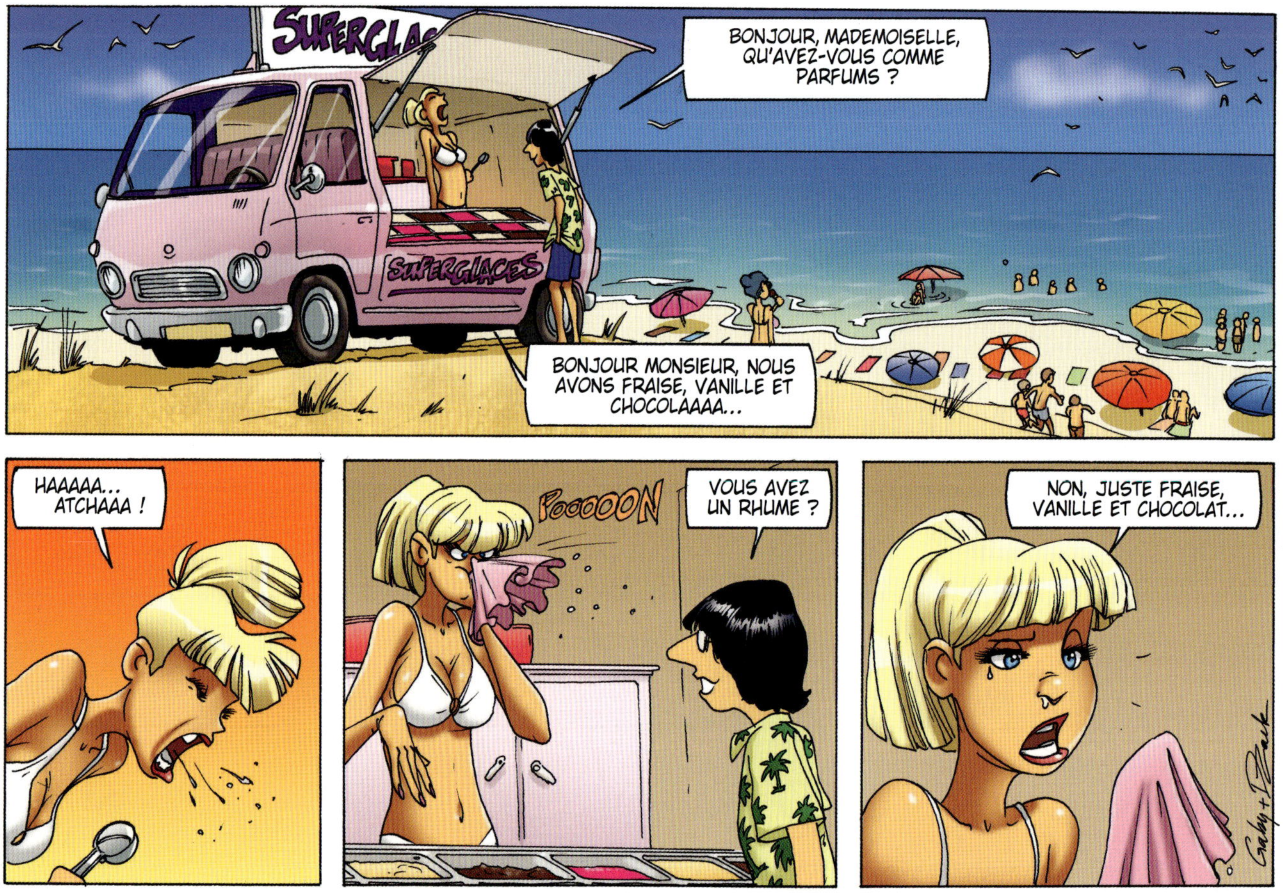
SUPERGLACES
BONJOUR, MADEMOISELLE, QU'AVEZ-VOUS COMME PARFUMS ?
BONJOUR MONSIEUR, NOUS AVONS FRAISE, VANILLE ET CHOCOLAAAA...
HAAAAA... ATCHAAA !
POOOOON
VOUS AVEZ UN RHUME ?
NON, JUSTE FRAISE, VANILLE ET CHOCOLAT...

SOUVENIRS

Il fait très beau, les gens sont très gentils avec moi et la plage s'étend à perte de vue.
Gaby + Dzack

PRIVÉ DE DÉSERT

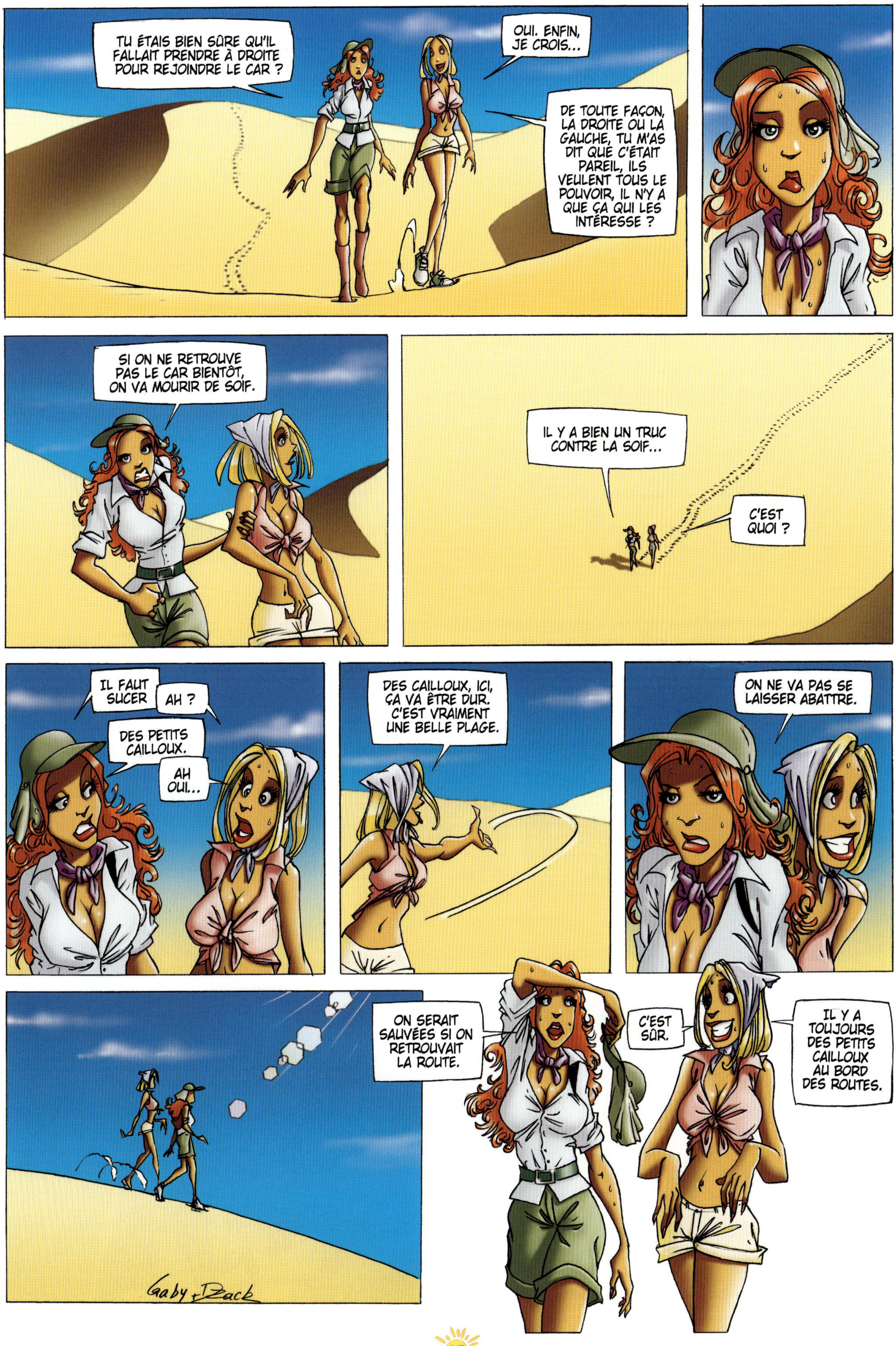
TU ÉTAIS BIEN SÛRE QU'IL FALLAIT PRENDRE À DROITE POUR REJOINDRE LE CAR ?
OUI. ENFIN, JE CROIS...
DE TOUTE FAÇON, LA DROITE OU LA GAUCHE, TU M'AS DIT QUE C'ÉTAIT PAREIL, ILS VEULENT TOUS LE POUVOIR, IL N'Y A QUE ÇA QUI LES INTÉRESSE ?
SI ON NE RETROUVE PAS LE CAR BIENTÔT, ON VA MOURIR DE SOIF.
IL Y A BIEN UN TRUC CONTRE LA SOIF...
C'EST QUOI ?
IL FAUT SUCER
AH ?
DES PETITS CAILLOUX.
AH OUI...
DES CAILLOUX, ICI, ÇA VA ÊTRE DUR. C'EST VRAIMENT UNE BELLE PLAGE.
ON NE VA PAS SE LAISSER ABATTRE.
ON SERAIT SAUVÉES SI ON RETROUVAIT LA ROUTE.
C'EST SÛR.
IL Y A TOUJOURS DES PETITS CAILLOUX AU BORD DES ROUTES.
Gaby + Back

CAMPING

OUAIS ! C'EST LE WEEK END !
VANESSA, TU MONTES LA TENTE !
OUI CHEF !
OUILLE.
J'ADORE CES NOUVELLES TENTES ! C'ÉTAIT VRAIMENT TROP DIFFICILE AVANT !
MAINTENANT, IL SUFFIT DE LES LANCER ET ELLES SE DÉPLIENT TOUTES SEULES.
J'AI LES ALLUMETTES, JE VAIS L'ALLUMER.
FAIS ATTENTION, HEIN, IL Y A LA FORÊT...
ÇA NE S'ALLUME PAS...
GRATT
ELLES SONT PEUT-ÊTRE HUMIDES ?
GRATT
JE NE COMPRENDS PAS, JE LES AI TOUTES TESTÉES AVANT DE PARTIR...
GRATT

TOUTE VÉNÈRE

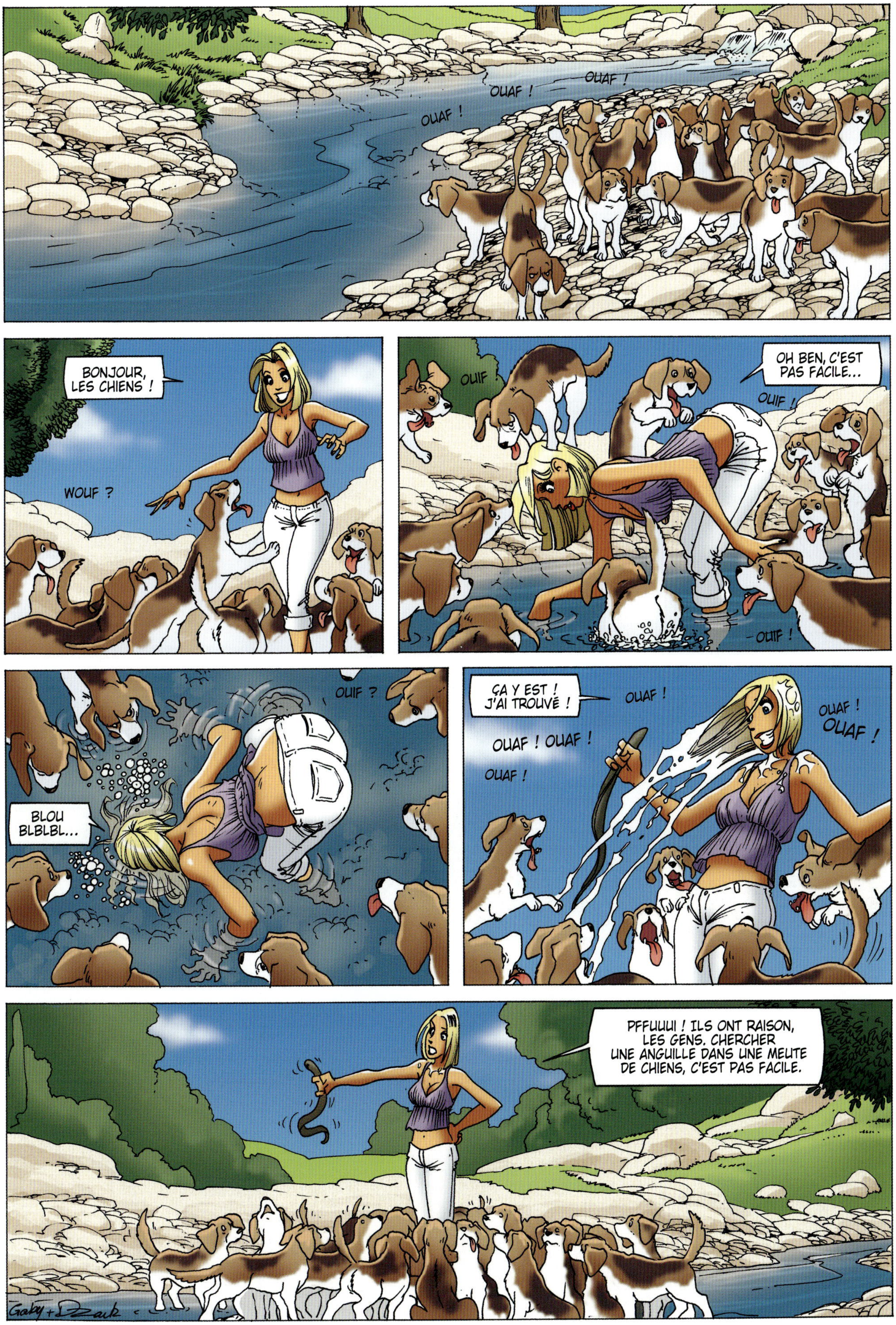
OUAF !
OUAF !
OUAF !
BONJOUR, LES CHIENS !
WOUF ?
OUIF !
OH BEN, C'EST PAS FACILE...
OUIF !
OUIF !
OUIF ?
BLOU BLBLBL...
ÇA Y EST ! J'AI TROUVÉ !
OUAF !
OUAF ! OUAF !
OUAF !
OUAF ! OUAF !
PFFUUUI ! ILS ONT RAISON, LES GENS. CHERCHER UNE ANGUILLE DANS UNE MEUTE DE CHIENS, C'EST PAS FACILE.
Gaby + Dzack

PLONGÉE PROFONDE

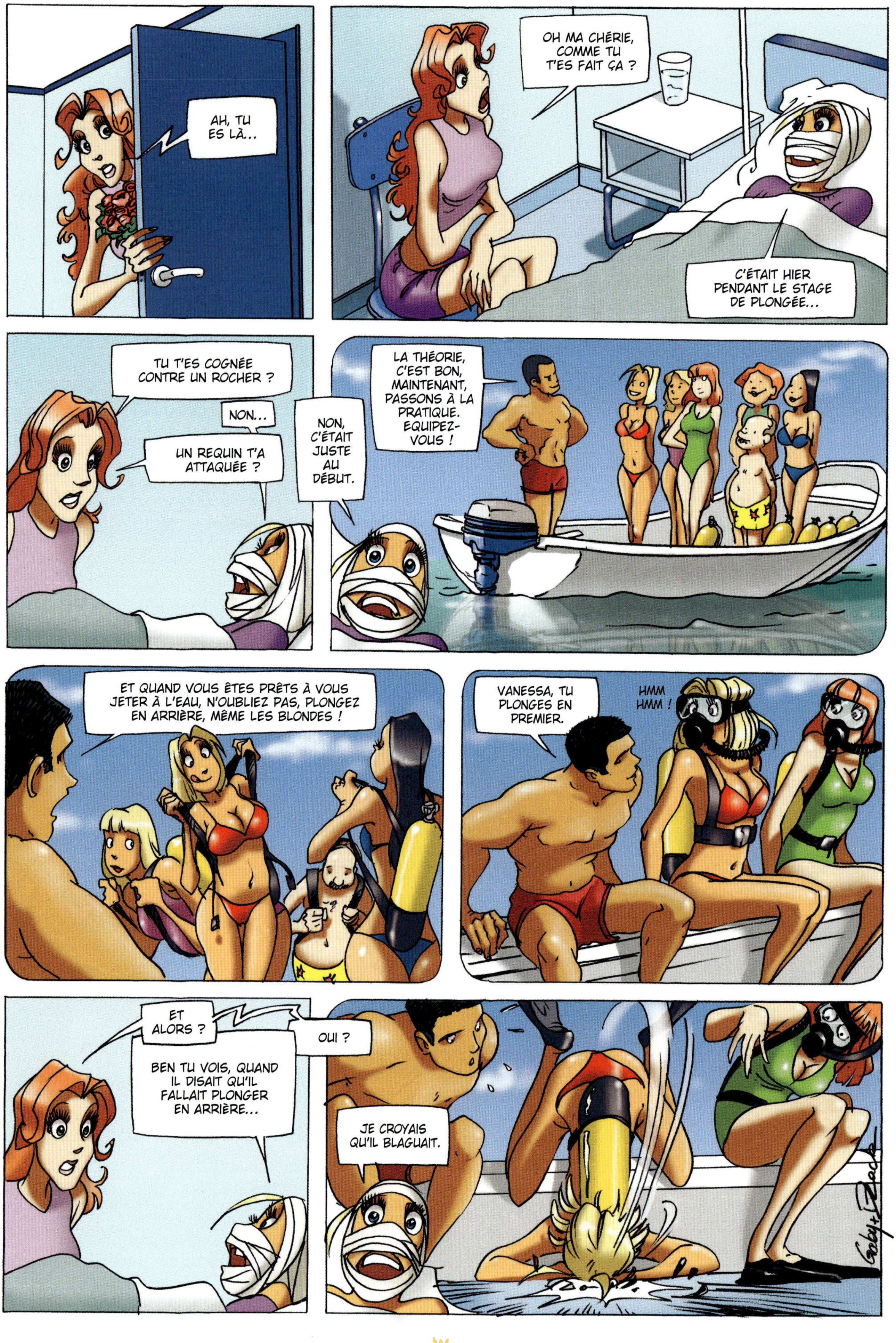
AH, TU ES LÀ...
OH MA CHÉRIE, COMME TU T'ES FAIT ÇA ?
C'ÉTAIT HIER PENDANT LE STAGE DE PLONGÉE...
TU T'ES COGNÉE CONTRE UN ROCHER ?
NON...
UN REQUIN T'A ATTAQUÉE ?
NON, C'ÉTAIT JUSTE AU DÉBUT.
LA THÉORIE, C'EST BON, MAINTENANT, PASSONS À LA PRATIQUE. EQUIPEZ-VOUS !
ET QUAND VOUS ÊTES PRÊTS À VOUS JETER À L'EAU, N'OUBLIEZ PAS, PLONGEZ EN ARRIÈRE, MÊME LES BLONDES !
VANESSA, TU PLONGES EN PREMIER.
HMM HMM !
ET ALORS ?
OUI ?
BEN TU VOIS, QUAND IL DISAIT QU'IL FALLAIT PLONGER EN ARRIÈRE...
JE CROYAIS QU'IL BLAGUAIT.

ALERTE AU MALIBU

AU SEGLOUB !
JE ME GLOUB !
VOUS AURIEZ PU AGIR AU LIEU DE RIRE COMME ÇA !!!
IL FAUDRAIT UN PEU SAVOIR CE QUE VOUS VOULEZ !
C'EST MARQUÉ, LÀ !
ON SAIT LIRE, C'EST MARQUÉ "EN CAS DE NOYADE, LOL".
ALORS NOUS, ON NOUS DIT VOUS LOLEZ, ON LOLE !
EN CAS DE NOYADE
lol
ALERTEZ LES SECOURS
Gaby + Dzack

PÊCHE MIRACULEUSE

C'EST UN COIN SUPER POUR LA PÊCHE !
ON DEVRAIT FAIRE UNE CROIX DANS LE FOND DE LA BARQUE POUR MARQUER L'ENDROIT !
T'ES VRAIMENT TROP BÊTE.
AH ? POURQUOI ?
PARCE QUE LA PROCHAINE FOIS, ON N'AURA PEUT-ÊTRE PAS LA MÊME BARQUE.
AH OUI...

GROAR

ET LORS DE MON DERNIER SAFARI, J'AI VU DES PANOUS, C'ÉTAIT ÉTONNANT !
DES PANOUS, QU'EST-CE QUE C'EST ?
CE SONT...
GROAR !
DU CALME ! TU SAIS CE QUE DIT LE MANUEL : SI ON LE REGARDE DROIT DANS LES YEUX, IL VA FAIRE DEMI-TOUR ET S'EN ALLER.
NOUS ON L'A LU, MAIS LUI, TU ES SÛRE QU'IL L'A LU ?

C'EST CAÏMAN LA MÊME CHOSE

D'APRÈS LA CARTE, ON VA ARRIVER À LA RIVIÈRE.
IL SERAIT TEMPS, JE FATIGUE, MOI...
AH, TU VOIS ? JE TE L'AVAIS DIT.
ET C'EST MARQUÉ COMMENT ON TRAVERSE, SUR TA CARTE ?
PARCE QUE JE NE VOIS PAS DE PONT, LÀ...
C'EST SIMPLE, ON VA SAUTER DE TRONC D'ARBRE EN TRONC D'ARBRE...
MAIS CE SONT PAS DES TRONCS, CE SONT DES CROCODILES !
TU ES SÛRE ?
TU VEUX UNE PREUVE ?
POK
GRRAAA
MAIS TU ES FOLLE ! VIENS TE RÉFUGIER ICI ! VITE ! IL VA TE MANGER !
GRRRAA
BEN NON, POURQUOI ? C'EST PAS MOI QUI LUI AI LANCÉ LE CAILLOU, C'EST TOI !

LONG VOYAGE

ET TES VACANCES, TU LES PASSES OÙ ?
EN ITALIE. ON PART POUR MILAN.
Gaby+Dzack
TANT QUE ÇA ?
TU AS DÛ EN CUMULER DES RTT !

VOYAGE VOYAGE

ON NE BOUGE PLUS ! DIS FROMAGE ?!
Gaby+Dzack
MA CHÉRIE, TU PEUX ME DIRE COMMENT ON DIT ? POURQUOI VOUS NE REDRESSEZ PAS VOTRE TOUR ? EN ITALIEN ?
HOLÀ, TU M'EN DEMANDES TROP...
AH OUI ? C'EST BIZARRE, ÇA FAIT PLUS ESPAGNOL QU'ITALIEN, TOUT DE MÊME.

VOYAGER AUTREMENT

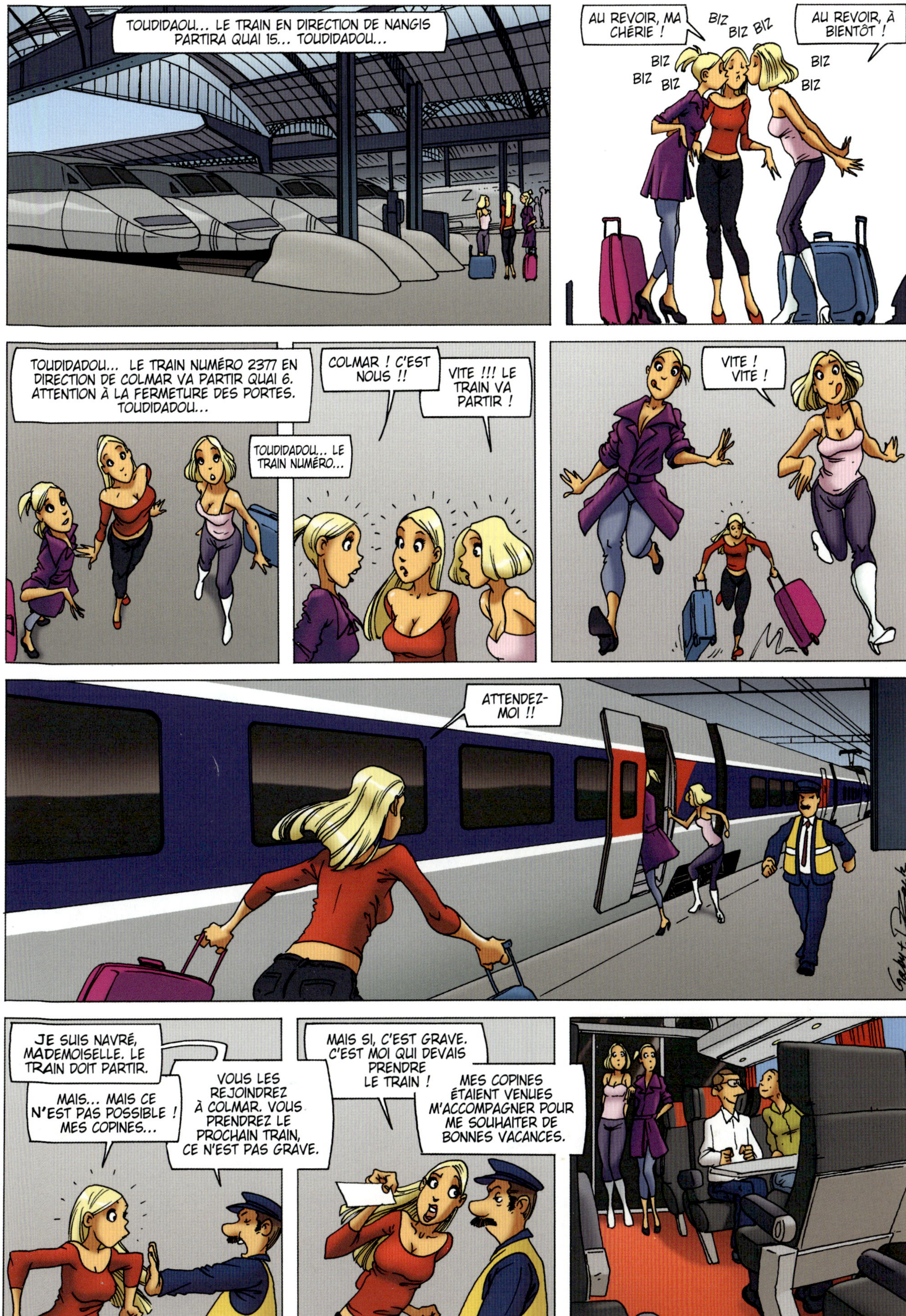

TOUDIDAOU... LE TRAIN EN DIRECTION DE NANGIS PARTIRA QUAI 15... TOUDIDADOU...
AU REVOIR, MA CHÉRIE !
BIZ BIZ BIZ
AU REVOIR, À BIENTÔT !
BIZ BIZ BIZ
BIZ BIZ
TOUDIDADOU... LE TRAIN NUMÉRO 2377 EN DIRECTION DE COLMAR VA PARTIR QUAI 6. ATTENTION À LA FERMETURE DES PORTES. TOUDIDADOU...
TOUDIDADOU... LE TRAIN NUMÉRO...
COLMAR ! C'EST NOUS !!
VITE !!! LE TRAIN VA PARTIR !
VITE ! VITE !
ATTENDEZ-MOI !!
JE SUIS NAVRÉ, MADEMOISELLE. LE TRAIN DOIT PARTIR.
MAIS... MAIS CE N'EST PAS POSSIBLE ! MES COPINES...
VOUS LES REJOINDREZ À COLMAR. VOUS PRENDREZ LE PROCHAIN TRAIN, CE N'EST PAS GRAVE.
MAIS SI, C'EST GRAVE. C'EST MOI QUI DEVAIS PRENDRE LE TRAIN !
MES COPINES ÉTAIENT VENUES M'ACCOMPAGNER POUR ME SOUHAITER DE BONNES VACANCES.

TOMBÉ DU CIEL

EN FAIT, C'EST BEAU, LA BRETAGNE !
PAF
HIER THALASSO ET SHOPPING À QUIMPER, AUJOURD'HUI TOUT CET AIR, CETTE MER, CES COULEURS, ÇA VA ÊTRE DUR DE RENTRER DEMAIN...
OH, REGARDE, LE MOUETTE AVEC LE COQUILLAGE !
C'EST UNE MOUETTE...
T'AS DE BONS YEUX, TOI !
PLITCH
NE BOUGE PAS, JE VAIS À LA VOITURE CHERCHER DU PAPIER HYGIÉNIQUE.
JE CROIS QUE CE N'EST PAS LA PEINE, ELLE EST TROP LOIN MAINTENANT.

LOST

Gaby + Dzack
NOUS SOMMES LES SEULS SURVIVANTS... VOUS CROYEZ QUE NOUS SOMMES SUR UNE ÎLE DÉSERTE ?
J'ESPÈRE !
ENFIN... JE VEUX DIRE, J'ESPÈRE QUE NON... ET SI ON ESSAYAIT DE FAIRE LE TOUR ?
MICHEL.
CYNTHIA.
SI NOUS DEVONS ATTENDRE LES SECOURS, IL FAUT NOUS ORGANISER.
OUI.
IL VA FALLOIR NOUS METTRE ...
OUI.
... AU TRAVAIL.
AH.
CYNTHIA, REGARDE !!! UN TÉLÉPHONE !!!
UNE CABINE ? TU AS DES PIÈCES ?
LA BATTERIE EST PRESQUE VIDE. NOUS N'AURONS QUE QUELQUES SECONDES DE COMMUNICATION, PAS PLUS.
JE SAIS QUI APPELER ! JE SAIS QUI APPELER !
TU ES SÛRE ? TU N'AURAS PAS D'AUTRES ESSAIS !
UN PEU DE CONFIANCE, JE SAIS CE QUE JE FAIS !
LES FILLES, VOUS DEVINEREZ JAMAIS OÙ JE SUIS !!! NI AVEC QUI !!! IL S'APPELLE MICHEL, IL EST TROP BEAU !!!
TIIIT...
ALLÔ ? LES FILLES ?
ALLÔ ?
ÇA A COUPÉ ?

LE GÉNIE DE LA PLAGE

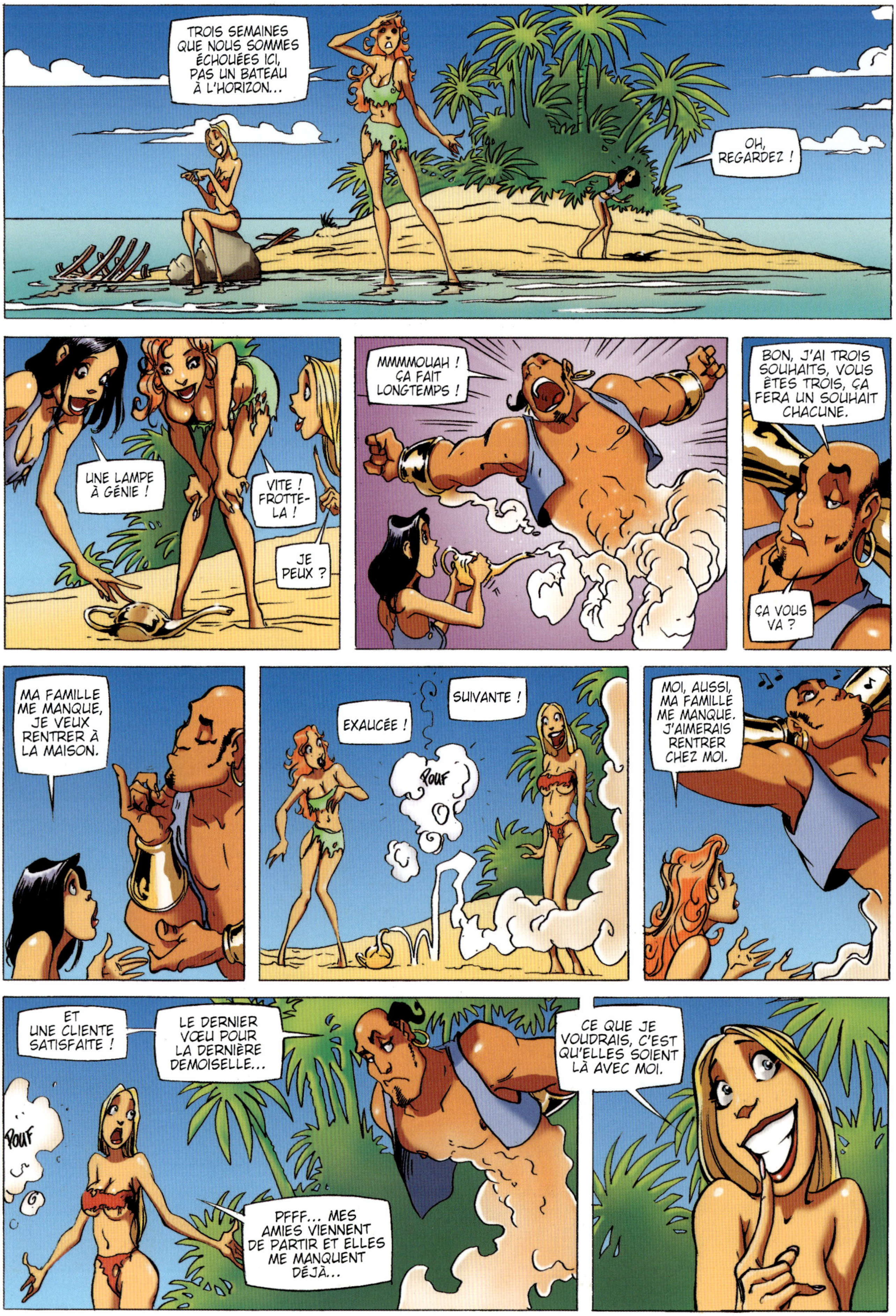

TROIS SEMAINES QUE NOUS SOMMES ÉCHOUÉES ICI, PAS UN BATEAU À L'HORIZON...
OH, REGARDEZ !
UNE LAMPE À GÉNIE !
VITE ! FROTTE-LA !
JE PEUX ?
MMMMOUAH ! ÇA FAIT LONGTEMPS !
BON, J'AI TROIS SOUHAITS, VOUS ÊTES TROIS, ÇA FERA UN SOUHAIT CHACUNE.
ÇA VOUS VA ?
MA FAMILLE ME MANQUE, JE VEUX RENTRER À LA MAISON.
EXAUCÉE !
SUIVANTE !
POUF
MOI, AUSSI, MA FAMILLE ME MANQUE. J'AIMERAIS RENTRER CHEZ MOI.
ET UNE CLIENTE SATISFAITE !
LE DERNIER VŒU POUR LA DERNIÈRE DEMOISELLE...
POUF
PFFF... MES AMIES VIENNENT DE PARTIR ET ELLES ME MANQUENT DÉJÀ...
CE QUE JE VOUDRAIS, C'EST QU'ELLES SOIENT LÀ AVEC MOI.

BOULETTE

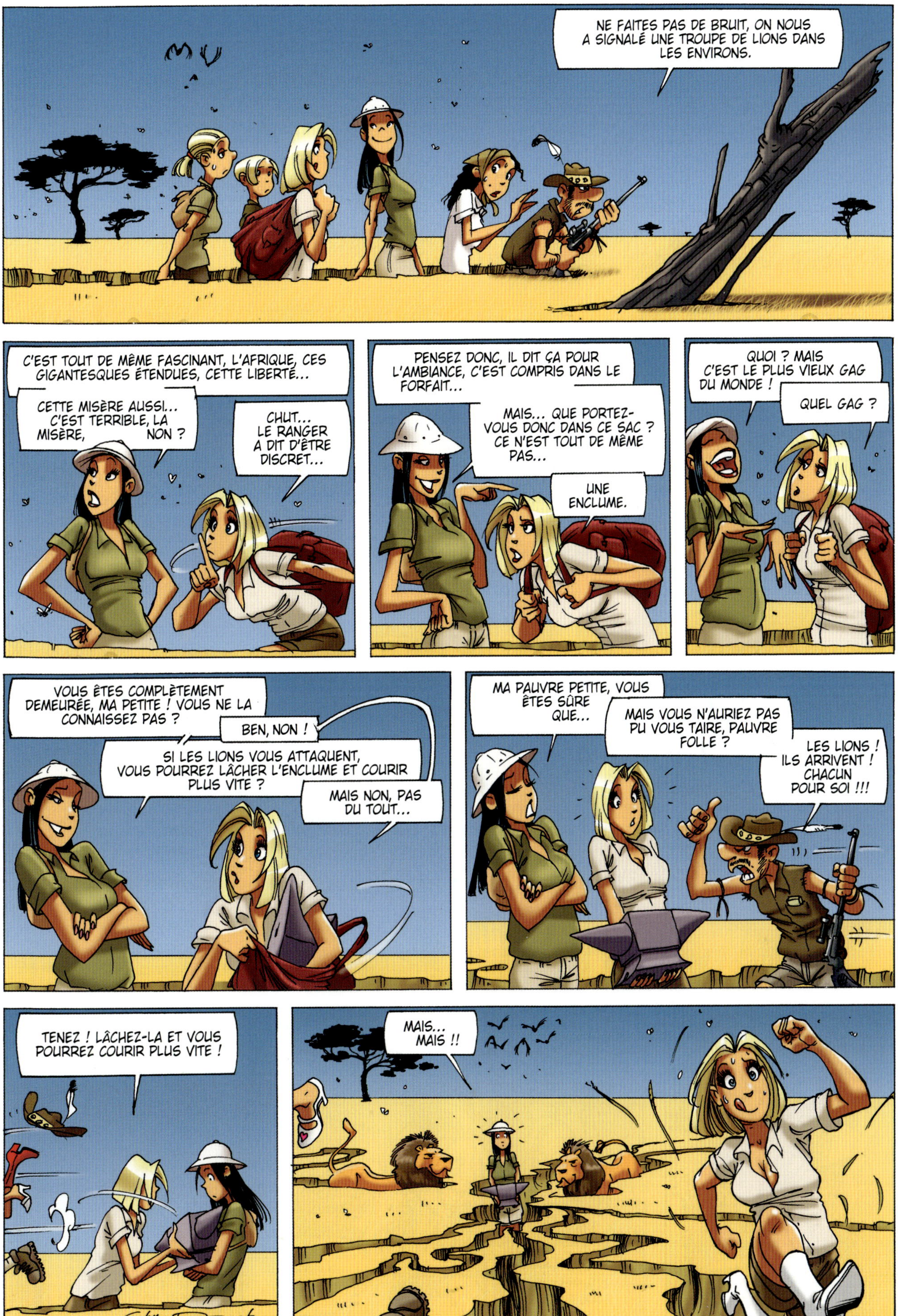
NE FAITES PAS DE BRUIT, ON NOUS A SIGNALÉ UNE TROUPE DE LIONS DANS LES ENVIRONS.
C'EST TOUT DE MÊME FASCINANT, L'AFRIQUE, CES GIGANTESQUES ÉTENDUES, CETTE LIBERTÉ...
CETTE MISÈRE AUSSI... C'EST TERRIBLE, LA MISÈRE, NON ?
CHUT... LE RANGER A DIT D'ÊTRE DISCRET...
PENSEZ DONC, IL DIT ÇA POUR L'AMBIANCE, C'EST COMPRIS DANS LE FORFAIT...
MAIS... QUE PORTEZ-VOUS DONC DANS CE SAC ? CE N'EST TOUT DE MÊME PAS...
UNE ENCLUME.
QUOI ? MAIS C'EST LE PLUS VIEUX GAG DU MONDE !
QUEL GAG ?
VOUS ÊTES COMPLÈTEMENT DEMEURÉE, MA PETITE ! VOUS NE LA CONNAISSEZ PAS ?
BEN, NON !
SI LES LIONS VOUS ATTAQUENT, VOUS POURREZ LÂCHER L'ENCLUME ET COURIR PLUS VITE ?
MAIS NON, PAS DU TOUT...
MA PAUVRE PETITE, VOUS ÊTES SÛRE QUE...
MAIS VOUS N'AURIEZ PAS PU VOUS TAIRE, PAUVRE FOLLE ?
LES LIONS ! ILS ARRIVENT ! CHACUN POUR SOI !!!
TENEZ ! LÂCHEZ-LA ET VOUS POURREZ COURIR PLUS VITE !
MAIS... MAIS !!
Gaby + J Bzack

DÉCOMPRESSION

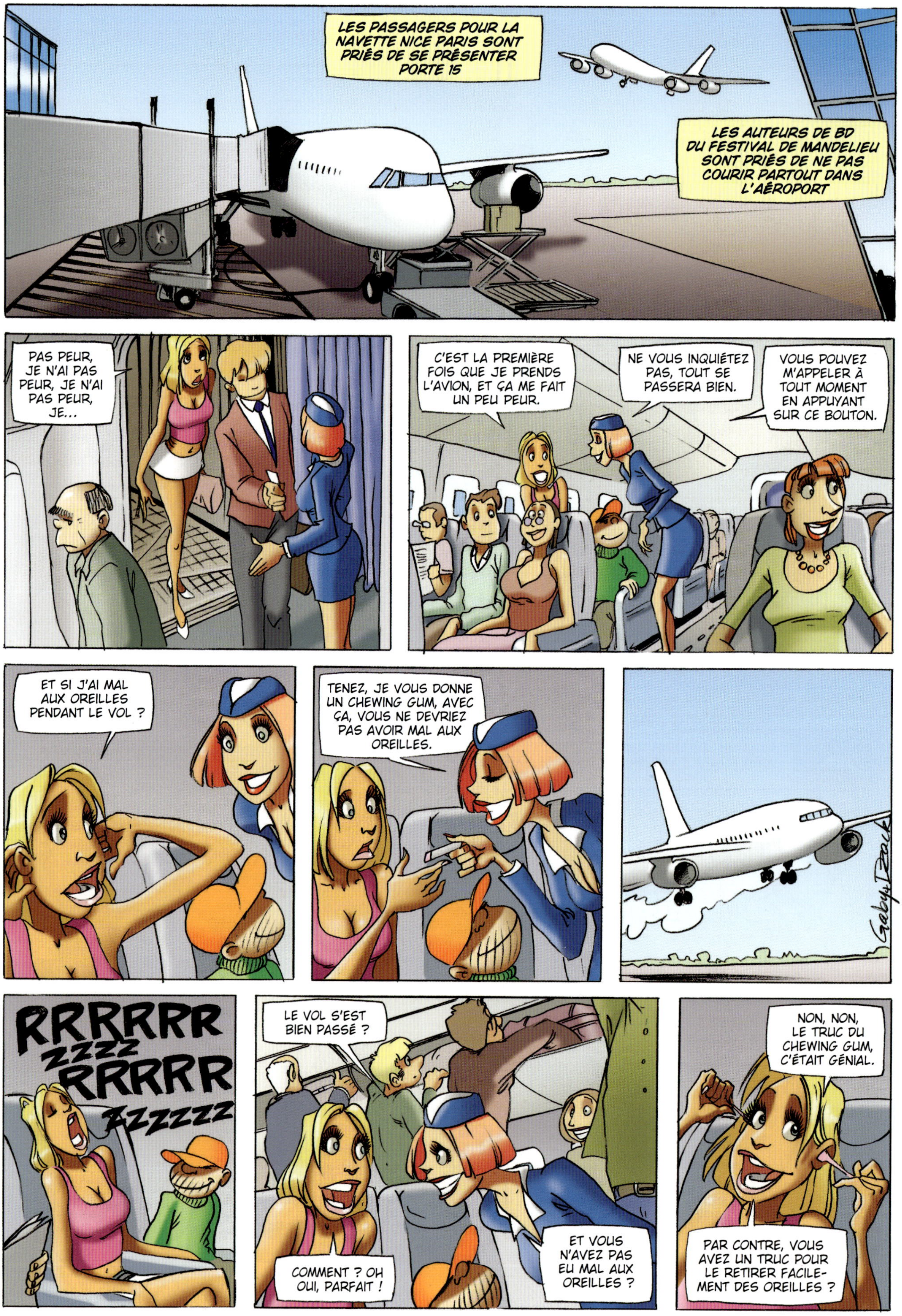
LES PASSAGERS POUR LA NAVETTE NICE PARIS SONT PRIÉS DE SE PRÉSENTER PORTE 15
LES AUTEURS DE BD DU FESTIVAL DE MANDELIEU SONT PRIÉS DE NE PAS COURIR PARTOUT DANS L'AÉROPORT
PAS PEUR, JE N'AI PAS PEUR, JE N'AI PAS PEUR, JE...
C'EST LA PREMIÈRE FOIS QUE JE PRENDS L'AVION, ET ÇA ME FAIT UN PEU PEUR.
NE VOUS INQUIÉTEZ PAS, TOUT SE PASSERA BIEN.
VOUS POUVEZ M'APPELER À TOUT MOMENT EN APPUYANT SUR CE BOUTON.
ET SI J'AI MAL AUX OREILLES PENDANT LE VOL ?
TENEZ, JE VOUS DONNE UN CHEWING GUM, AVEC ÇA, VOUS NE DEVRIEZ PAS AVOIR MAL AUX OREILLES.
RRRRRR ZZZZ RRRRR ZZZZZZ
LE VOL S'EST BIEN PASSÉ ?
COMMENT ? OH OUI, PARFAIT !
ET VOUS N'AVEZ PAS EU MAL AUX OREILLES ?
NON, NON, LE TRUC DU CHEWING GUM, C'ÉTAIT GÉNIAL.
PAR CONTRE, VOUS AVEZ UN TRUC POUR LE RETIRER FACILEMENT DES OREILLES ?

COMME SUR DES ROULETTES

LE TAXI VA ARRIVER. TU ES SÛRE DE NE RIEN AVOIR OUBLIÉ ? MIEUX VAUT PLUTÔT VÉRIFIER DEUX FOIS QU'UNE...
TU T'INQUIÈTES POUR UN RIEN, C'EST PAS COMME SI ON PARTAIT À L'AUTRE BOUT DU MONDE !
SI, JUSTEMENT. L'AUSTRALIE, C'EST À L'AUTRE BOUT DU MONDE...
AH ?
TATA ! TATA ! JE PEUX T'AIDER ?
OUI MA CHÉRIE, SI TU VEUX. PRENDS LA PETITE VALISE, LÀ !
HOULÀLÀ, C'EST DIFFICILE !
TIRE LA POIGNÉE, ELLE A DES ROULETTES !
D'ACCORD, TATA !
ÇA VA, MA CHÉRIE ? TU T'EN SORS ?
GNNNN !
BEN ALORS, QU'EST-CE QUI SE PASSE ?
POIGNÉE À ROULETTES OU PAS, C'EST TOUT DE MÊME DIFFICILE...
Gaby Dzack

NICOLAS LE JARDINIER

VOUS VOYEZ, LES FILLES, LES ARBRES NE DOIVENT PAS ÊTRE PLANTÉS N'IMPORTE OÙ.
ÇA, C'EST SÛR.
Gaby + Dzack
CELUI-CI EST TROP PRÈS DE LA ROUTE, SUR UN TERRAIN INÉGAL ET QUI NE PEUT PAS ÊTRE CORRECTEMENT IRRIGUÉ.
ÇA, C'EST SÛR.
IL NE DONNERA JAMAIS DE BELLES POMMES.
ÇA, C'EST SÛR.
C'EST UN POIRIER.

FESTIVAL DE CONNES

C'EST BIENTÔT LE FESTIVAL DE CANNES !
SUPER ! IL SE DÉROULE OÙ, CETTE ANNÉE ?

SEUNEUCEUFEU

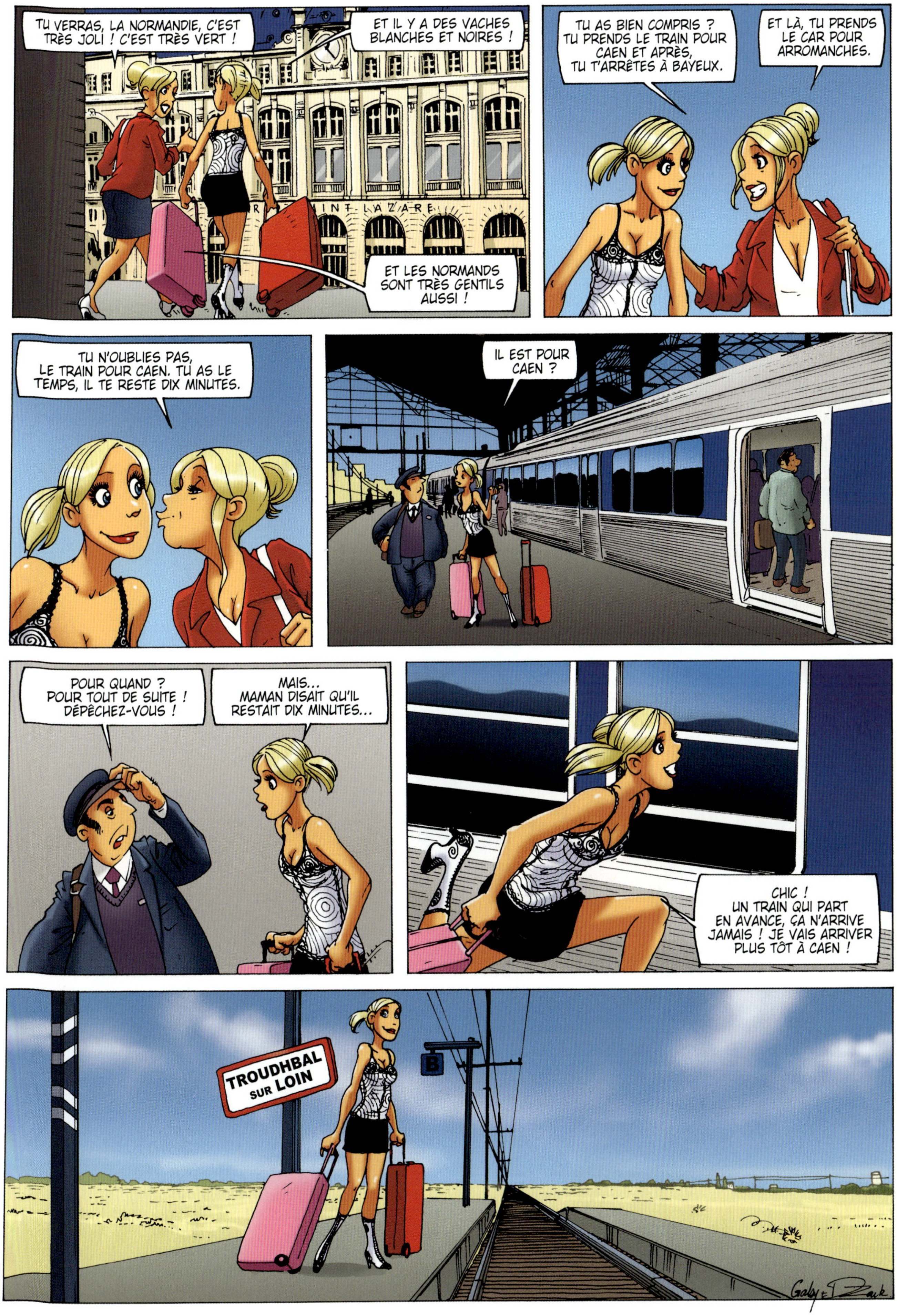

TU VERRAS, LA NORMANDIE, C'EST TRÈS JOLI ! C'EST TRÈS VERT !
ET IL Y A DES VACHES BLANCHES ET NOIRES !
ET LES NORMANDS SONT TRÈS GENTILS AUSSI !
TU AS BIEN COMPRIS ? TU PRENDS LE TRAIN POUR CAEN ET APRÈS, TU T'ARRÊTES À BAYEUX.
ET LÀ, TU PRENDS LE CAR POUR ARROMANCHES.
TU N'OUBLIES PAS, LE TRAIN POUR CAEN. TU AS LE TEMPS, IL TE RESTE DIX MINUTES.
IL EST POUR CAEN ?
POUR QUAND ? POUR TOUT DE SUITE ! DÉPÊCHEZ-VOUS !
MAIS... MAMAN DISAIT QU'IL RESTAIT DIX MINUTES...
CHIC ! UN TRAIN QUI PART EN AVANCE, ÇA N'ARRIVE JAMAIS ! JE VAIS ARRIVER PLUS TÔT À CAEN !
TROUDHBAL SUR LOIN
B

NAUFRAGÉ SOLITAIRE

OH, REGARDE !
JE NE VOIS RIEN, TOUT EST TRÈS LOIN !
TU LES TIENS MAL, REGARDE DE L'AUTRE CÔTÉ...
LÀ, TU VOIS ?
C'EST QUI ?
JE NE SAIS PAS...
... MAIS ON LUI FAIT DE L'EFFET. ÇA FAIT UNE SEMAINE QU'ON PASSE DEVANT ET À CHAQUE FOIS, ÇA LE REND FOU.
Gaby + Back

PLONGÉE PLUS PROFONDE

PINPOONN !
MA CHÉRIE ! TU VAS BIEN ? TU AS FAIT UN INCIDENT DE PLONGÉE ?
OUI, POURTANT, J'AI BIEN SUIVI CE QUE LE MONITEUR A DIT, CETTE FOIS.*
PLONGER EN ARRIÈRE, PLONGER EN ARRIÈRE.
JE L'AI RÉPÉTÉ TOUT LE TEMPS POUR NE PAS FAIRE COMME LA DERNIÈRE FOIS.
NON, NON...
TU AS PLONGÉ SUR UN ROCHER ? C'EST ÇA ?
LE MONITEUR A DÉCIDÉ DE NOUS FAIRE PLONGER DEBOUT.
PLONGER EN ARRIÈRE, PLONGER EN ARR...
BLAK !

* VOIR " PLONGÉE PROFONDE ", DANS LE TOME 7.

SENS UNIQUE

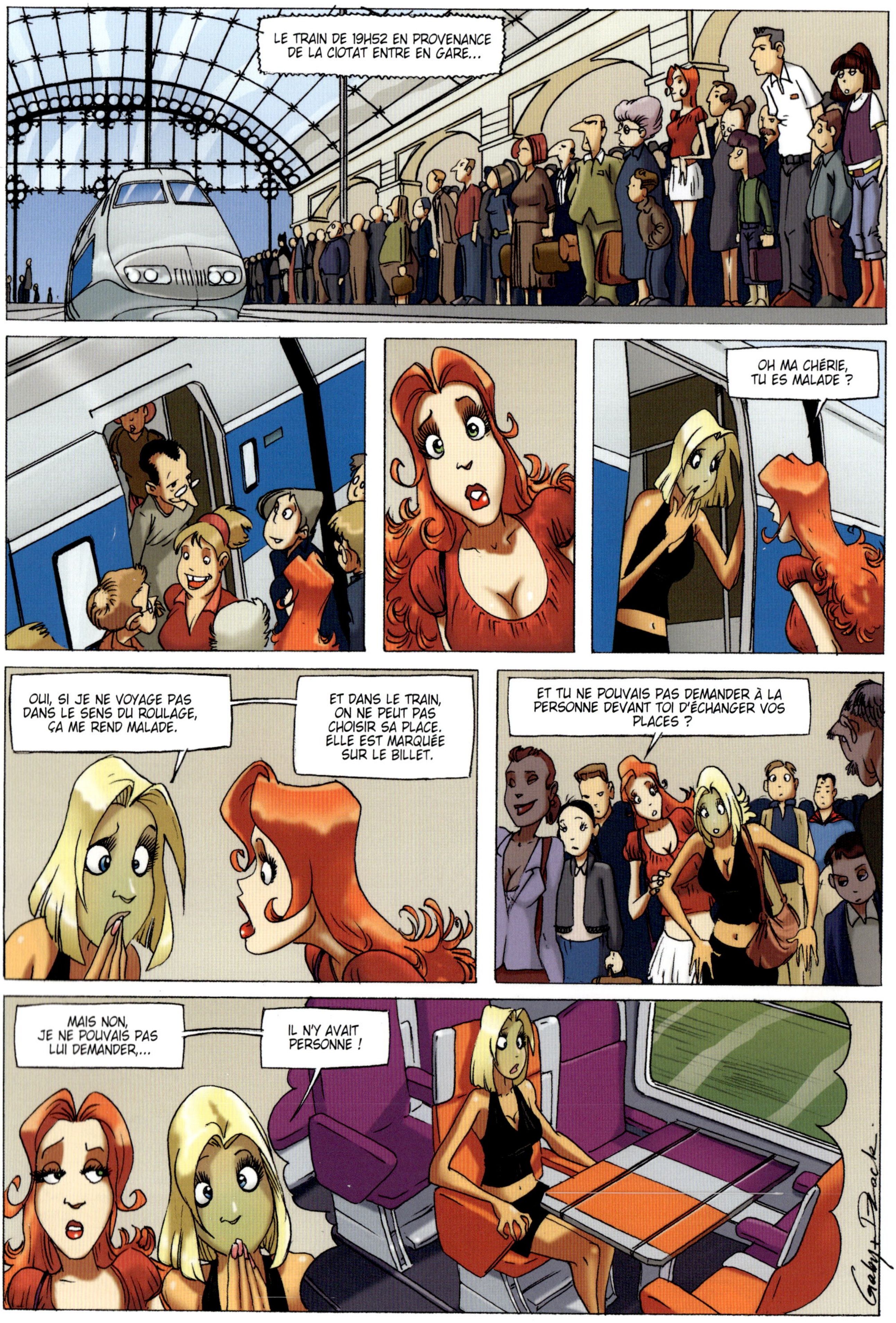

LE TRAIN DE 19H52 EN PROVENANCE DE LA CIOTAT ENTRE EN GARE...
OH MA CHÉRIE, TU ES MALADE ?
OUI, SI JE NE VOYAGE PAS DANS LE SENS DU ROULAGE, ÇA ME REND MALADE.
ET DANS LE TRAIN, ON NE PEUT PAS CHOISIR SA PLACE. ELLE EST MARQUÉE SUR LE BILLET.
ET TU NE POUVAIS PAS DEMANDER À LA PERSONNE DEVANT TOI D'ÉCHANGER VOS PLACES ?
MAIS NON, JE NE POUVAIS PAS LUI DEMANDER,...
IL N'Y AVAIT PERSONNE !

CAMPING 2

CAMPING
ON EST BIENTÔT ARRIVÉES !!! UNE DERNIÈRE MANŒUVRE ET ON POURRA PLANTER LA TENTE !!!
BEN, V'LÀ AUT' CHOSE.
ET POURQUOI VOUS MONTEZ EN MARCHE ARRIÈRE, LES P'TITES DAMES ?
ON VA AU CAMPING, LÀ-HAUT !
À L'ENVERS ?
OUI, ON VIENT CHAQUE ANNÉE ! MAIS LA ROUTE EST TOUTE PETITE ET JE N'ARRIVE JAMAIS À FAIRE DEMI-TOUR, LÀ-HAUT !
ALORS JE FAIS DEMI-TOUR AVANT !
OH BEN, FAITES COMME VOUS VOULEZ ALORS !
BONNES VACANCES !!
À DANS 15 JOURS !!
15 JOURS PLUS TARD...
10
11
12
13
14
15
OH BEN, V'LÀ AUT' CHOSE.
BEN, MA P'TITE DAME !
VOUS REDESCENDEZ EN MARCHE ARRIÈRE ?
OUI ! ILS ONT FAIT DES TRAVAUX, LÀ-HAUT ! J'AI PU FAIRE MON DEMI-TOUR SANS PROBLÈME !!!

JE SÈCHE

SAUVETEURS
la Seiche
APPRENEZ À CONNAÎTRE LES ANIMAUX DE LA MER
L'OS DE SEICHE N'EST PAS UN OS, MAIS LA COQUILLE INTERNE DE LA SEICHE. ELLE EST REMPLIE D'AIR ET CELA PERMET À L'ANIMAL DE FLOTTER FACILEMENT À TOUTES LES PROFONDEURS.
ON SE SERT DE L'OS DE SEICHE COMME D'UN COMPLÉMENT ALIMENTAIRE POUR LES OISEAUX.
MERCI, MONSIEUR !
C'EST GÉNIAL, JE VAIS LE DONNER À TATA VANESSA ! ÇA FERA UN JOUET POUR BOUBA !
POK
C'EST PEUT-ÊTRE UN TRÉSOR !
JE VAIS PEUT-ÊTRE ÊTRE RICHE... OH !
MONSIEUR ! MONSIEUR ! VENEZ VITE ! J'AI TROUVÉ UN OS DE SEICHE GÉANT !
ALORS ? ALORS ? C'EST UN OS DE SEICHE GÉANT ? HEIN ?
PAS VRAIMENT...
YANN ! TU DEVRAIS VENIR, ON A RETROUVÉ TA PLANCHE DE SURF !
AH ?
Gaby + Dzack

DONNE-M'EN CINQ

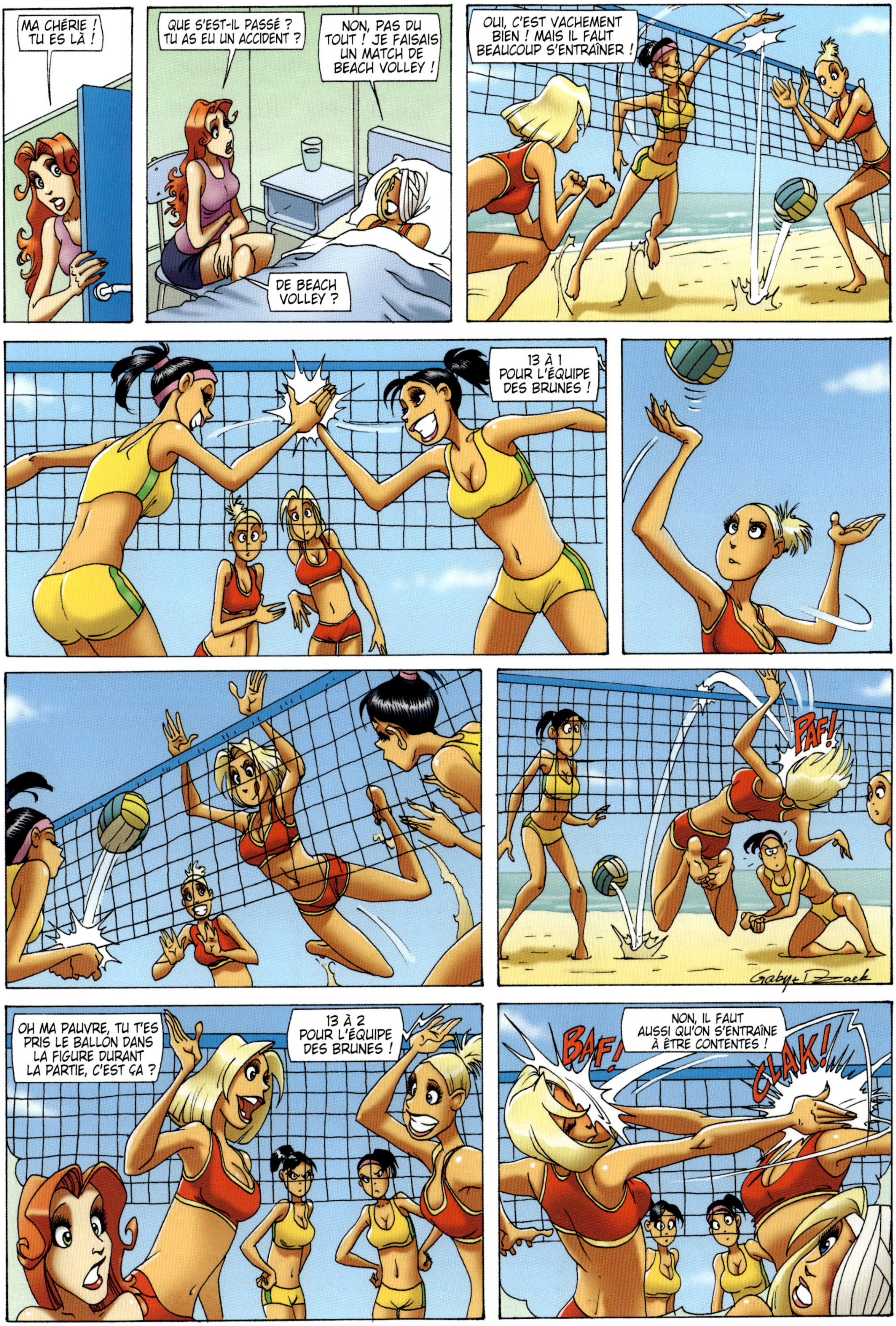

MA CHÉRIE ! TU ES LÀ !
QUE S'EST-IL PASSÉ ? TU AS EU UN ACCIDENT ?
NON, PAS DU TOUT ! JE FAISAIS UN MATCH DE BEACH VOLLEY !
DE BEACH VOLLEY ?
OUI, C'EST VACHEMENT BIEN ! MAIS IL FAUT BEAUCOUP S'ENTRAÎNER !
13 À 1 POUR L'ÉQUIPE DES BRUNES !
PAF !
OH MA PAUVRE, TU T'ES PRIS LE BALLON DANS LA FIGURE DURANT LA PARTIE, C'EST ÇA ?
13 À 2 POUR L'ÉQUIPE DES BRUNES !
NON, IL FAUT AUSSI QU'ON S'ENTRAÎNE À ÊTRE CONTENTES !
BAF !
CLAK !

FLY ME TO THE MOON

AF714 SYDNEY
IL Y A VOYAGE ET VOYAGE
MAGAZINE
Graby + Bzack
VEUILLEZ M'EXCUSER, MAIS C'EST MA PLACE, MADEMOISELLE.
IL Y A VOYAGE ET VOYAGE
JE NE CROIS PAS, JE SUIS ARRIVÉE AVANT VOUS ET CETTE PLACE ÉTAIT LIBRE. ET ELLE EST PRÈS DU HUBLOT ET J'AIME BIEN REGARDER PAR LE HUBLOT.
D'OÙ ON EST, ON VOIT LES GENS COMME DES FOURMIS.
CE SONT SÛREMENT DES FOURMIS, NOUS N'AVONS PAS DÉCOLLÉ.
AH ?
MADEMOISELLE, JE ME PERMETS D'INSISTER, MAIS C'EST MA PLACE.
ET MOI, JE VOUS DIS QUE JE SUIS ARRIVÉE AVANT VOUS, IL N'Y AVAIT PERSONNE, QUI VA À LA CHASSE PERD SA PLACE.
D'ACCORD, COMME VOUS VOULEZ. MAIS C'EST VOUS QUI PILOTEZ.
C'EST VRAI ? CHOUETTE !

Ne partez pas en vacances sans votre collec' complète de...
LES BLONDES
LES MINI BLONDES

Soleil
15, Boulevard de Strasbourg - 83000 Toulon - France

Soleil Paris
25, rue Titon - 75011 Paris - France

Réalisation graphique : Studio Soleil

Dépôt légal : Juillet 2013 - ISBN : 978-2-302-02539-4
Première édition

Impression : PPO Graphic - Palaiseau - France